示范校重点专业建设成果教材
职业教育技能型实用人才培养系列规划教材

CHENGSHI GUIDAO JIAOTONG

城市轨道交通
安全管理

ANQUAN GUANLI

主　编　孙　静　康元博
副主编　蔡　继　王　焦

西南交通大学出版社
·成　都·

图书在版编目（CIP）数据

城市轨道交通安全管理 / 孙静，康元博主编. —成都：西南交通大学出版社，2018.9（2022.9 重印）
示范校重点专业建设成果教材 职业教育技能型实用人才培养系列规划教材
ISBN 978-7-5643-6422-9

Ⅰ. ①城… Ⅱ. ①孙… ②康… Ⅲ. ①城市铁路 – 交通运输安全 – 交通运输管理 – 职业教育 – 教材 Ⅳ. ①U239.5

中国版本图书馆 CIP 数据核字（2018）第 210681 号

示范校重点专业建设成果教材
职业教育技能型实用人才培养系列规划教材

城市轨道交通安全管理

主编 孙 静 康元博

责任编辑 罗在伟
助理编辑 赵永铭
封面设计 何东琳设计工作室

出版发行 西南交通大学出版社
（四川省成都市二环路北一段 111 号
西南交通大学创新大厦 21 楼）
邮政编码 610031
发行部电话 028-87600564 028-87600533
网址 http://www.xnjdcbs.com
印刷 四川煤田地质制图印刷厂

成品尺寸 185 mm × 260 mm
印张 8
字数 168 千
版次 2018 年 9 月第 1 版
印次 2022 年 9 月第 3 次
定价 36.00 元
书号 ISBN 978-7-5643-6422-9

课件咨询电话：028-81435775
图书如有印装质量问题 本社负责退换

总　序

近 5 年来，国家先后颁布了《国务院关于加快发展现代职业教育的决定》（国发〔2014〕19 号）、《国家教育事业发展“十三五”规划》（国发〔2017〕4 号）、《国务院办公厅关于深化产教融合的若干意见》（国办发〔2017〕95 号），重庆市为贯彻落实国家颁布的相关政策文件，特制定了《重庆市人民政府关于加快发展现代职业教育的实施意见》（渝府发〔2015〕17 号）等政策文件，大力推进职业教育改革发展。

为积极响应国家政策，更好地适应重庆经济转型和产业结构调整的需要，2014 年，重庆市教委、市人力社保局、市财政局决定实施市级中等职业教育改革发展示范学校建设计划，2014—2016 年，在全市范围内重点支持建设不超过 30 所市级中等职业教育改革发展示范学校。项目学校通过人才培养模式改革、专业课程体系建设、校企合作、师资队伍建设等，促进学校改革创新、内涵发展，成为全市中等职业学校改革创新的示范、提高质量的示范、办出特色的示范，在中等职业教育改革发展中发挥引领骨干和辐射作用，为经济社会发展培养高素质劳动者和高技能技术人才。

2016 年 8 月，重庆市公共交通技工学校成功申报为市级中职示范校项目建设学校。经过两年的建设，在课程改革和教材建设上取得了可喜成绩，为进一步总结经验，固化成果，特组织骨干教师编写了 20 余门系列优质课程配套教材，并交由西南交通大学出版社审核出版。

本系列教材是在相关企业专家的悉心指导以及参与下完成的。教材以强化学生职业能力和培养综合素质为主线，以工作过程为导向，以典型工作任务和生产项目为载体，立足行业岗位要求，参照相关职业资格标准和行业技术标准，遵循中职学生成长规律、中职教育规律和行业生产规律进行开发建设。教材按照项目导向、任务驱动、模拟情境等教学模式要求，构建学习任务单元，注重学生可持续发展能力、创新能力、综合技术能力的培养，具有典型的工学结合特征。

本系列教材是重庆市公共交通技工学校不断深化教学改革的结果，更是市级中职示范校建设的一项重要成果，其中凝聚了各位编审人员的大量心血与智慧，也凝聚了众多行业专家的智慧。同时，在编写过程中得到了有关兄弟院校的大力支持，在此一并表示诚挚感谢！希望该系列教材的出版能有助于促进中职相关专业人才培养质量的提高，能为交通运输类职业院校的教材建设起到积极的引领和示范作用。本系列教材涉及专业面广，加之编者对现代职业教育理念的学习和认知仍需不断地改进和提高，书中难免存在不妥之处，恳请专家、同行不吝赐教，以促使我们不断提高教材编写的质量和水平。

李　灿

2018 年 5 月

前言 PREFACE

本书根据城市轨道交通类国家职业标准编写而成。在编写过程中编者进行了现场专业调研，通过工作岗位、工作任务分析，确定工作项目，分解出工作任务以及相应的职业能力，再进行课程体系结构分析，将典型的工作任务归纳总结形成行动领域，提炼职业行动领域，确定学习领域。

本书引入“任务驱动教学法”的先进理念，打破了以往教材的“章”“节”的传统结构模式，编写思路是以项目为单位，再将每个项目分成具体的学习型或工作型任务。创新地使用【任务描述】、【任务目标】、【任务学习】、【任务检查】、【任务训练】、【任务拓展】组织每个任务的内容，对使用任务驱动法开展教学起到了良好的导向作用。

在编写过程中，编者查阅了大量的参考资料，并多次到城市轨道机务现场调研，多次进行专题交流研讨。本书注重培养学生的职业能力和职业素质，内容侧重实用性、实践性，理论知识为实践服务。

本书以城市轨道交通应急处理系统为主线，将知识和实践技能逐步展开，介绍了城市轨道交通安全管理系统，城市轨道交通运营及车站的安全管理，城市轨道交通消防安全管理、城市轨道交通火灾救援、自救与逃生，应急设备认知与操作及突发事故的应急处理等。

本书由重庆市公共交通技工学校孙静、康元博担任主编，蔡继、王焦担任副主编，重庆市公共交通技工学校教务科科长田跃红担任主审。全书共分为三个项目，其中项目二的任务一和任务二、项目三的任务四由重庆市公共交通技工学校孙静编写；项目一的任务一、二、三由重庆市公共交通技工学校康元博编写；项目三的任务一、二、四由重庆市公共运输职业学院蔡继编写；项目三的任务五、附录由重庆市公共交通技工学校王焦编写。

本书虽经编写人员多次讨论、修改，但由于编者水平有限，难免会存在疏漏和不足之处，衷心希望各位读者给予批评指正。

编　者

2018 年 5 月

目录 CONTENTS

项目一

城市轨道交通安全管理系统认知

任务一　城市轨道交通运营安全管理认知

任务描述

随着我国城市化水平的不断提高，城市交通的压力越来越大，大力发展城市轨道交通已成为社会各界的共识。城市轨道交通行业呈现出蓬勃的发展势头，在现代社会的各个方面起着重要的作用。与此同时，城市轨道交通运营安全管理也日益受到社会各界的广大关注，交通安全是城市轨道运营的重要前提，是确保人们正常生活、工作、交流的基础。因此，城市轨道交通运营安全管理也成了城市轨道交通业的重要研究课题之一。

任务目标

- 了解城市轨道交通运营安全管理的概念。
- 了解城市轨道交通运营安全管理的主要内容。
- 掌握城市轨道交通运营安全管理的特点。

任务学习

城市轨道交通运营安全管理是城市轨道交通发展的一个重要保证。在当下城市轨道交通迅速发展的情况下，学习和了解城市轨道交通运营管理系统以及城市轨道交通安全保障系统是尤为重要的。

一、城市轨道交通运营安全管理的必要性、重要性和特殊性

1．必要性

城市轨道交通系统是一个庞大而复杂的系统，由供电子系统、通信子系统、信号子系统、给水与排水子系统、屏蔽门与安全门子系统、防灾与报警子系统（FAS）、环境与设备监控（BAS）子系统、机车车辆子系统、车辆段检修设备子系统、自动售检票子系统、通风空调与采暖子系统、电梯和自动扶梯等子系统组成。城市轨道交通系统内部各子系统之间及系统与系统外部有很高的关联度，一旦某个子系统出现问题，就会迅速影响和波及其他子系统，形成连锁反应，进而影响整个系统的正常功能，造成系统部分或整体功能的瘫痪。所以，城市轨道交通运营安全管理十分心要。

现在城市轨道交通已经成为城市公共交通的骨干。它不仅可以节能、省地，而且运量大、全天候、污染少以及安全系数高，重点是属绿色环保交通系统，完全符合可持续发展的原则，特别适用于一些大中城市，比如北京、天津、重庆等。我国政府高度重视城市公共交通系统的建设和城市轨道交通行业的发展，明确提出要逐步构建以城市轨道交通为骨干的城市公共综合交通体系，建立高效、安全、便捷以及可持续发展的城市轨道交通系统，解决大中城市严重的空气污染以及地面交通拥堵问题，更好地服务于民众。

近些年来，随着我国经济的快速发展，城市轨道交通建设也随之进入了快速发展的阶段。截至 2017 年底，我国已有北京、天津、上海、广州、重庆、南京、武汉、成都、深圳、大连、长春、西安、沈阳、佛山等 34[①] 座城市开通了城市轨道交通，运营总里程超过 5 000 km，线路 165 条。许多城市的轨道交通已进入网络化运营阶段。如北京，2017 年运营总里程已达到 684.4 km. 运营线路 21 条；上海 2017 年运营总里程已达到 731.37 km，运营线路 16 条。另有 20 多个城市正在着手城市轨道交通建设、规划。然而，在城市轨道交通运营过程中，由于诸多因素的影响，运营安全的问题也越来越多地摆在我们的面前。

城市轨道交通的运营安全问题一直受到各级政府和广大人民群众的高度重视和密

① 不包括港澳台地区，后同。

切关注，运营安全管理工作越来越被广大轨道交通运营单位所重视，不断发生的运营事故告诫我们，城市轨道交通运营必须把安全管理放在首要位置。所以安全系统管理已成为我国城市轨道交通安全的重要标志和发展方向。

2．重要性

在城市轨道交通快速发展的今天，搞好城市轨道交通运营安全管理，对于维护城市轨道交通有秩序运行、保证乘客安全、提高运营效率有着十分重要的意义。因为城市轨道交通安全管理直接关系到乘客安全。它既要满足乘客的出行需求，又是城市拥有良好交通秩序的前提和保障。并且城市轨道交通安全管理符合城市公共交通可持续发展的要求。过去，由于行车人员工作失职、设备故障、乘客安全意识不强等原因造成过严重的城市轨道交通事故。因此，城市轨道交通企业必须从长远利益出发，实施安全管理条例，加强乘客安全知识教育、增强责任意识等，以保障我国城市轨道交通的可持续发展。

提出建设城市轨道交通的原因，就是为了缓解大中型城市地面交通的压力以及排放过多的汽车尾气造成的空气污染。而且由于城市轨道交通是在城市内部进行运营，所以就要求其无污染、噪声小，符合社会环保的要求；并且安全性好、便捷，符合出行者的需求。由于现在大多数大中型城市已经不仅仅只有一条城市轨道交通线路，为更好地利用城市轨道交通，那么城市轨道交通运营安全管理是提高效益的有效途径。

城市轨道交通运营安全管理有益于新技术在交通运输业生产中的应用。城市轨道交通行业安全保障的前提就必须质量标准化、管理精细化、安全信息化、装备机械化。行业想要发展就需要重视发展生产、强化管理，实现以安全为轴心、以生产为中心、以管理为重心、以效益为核心的经营方略；促进了安全生产、经济效益和企业管理的同步提高。

3．特殊性

由于城市轨道交通本身的特点，其运营安全除了具有其他部门安全问题的普遍性外，还有其明显的特殊性。城市轨道交通在城市公共交通系统中占的比重越来越大，已成为广大民众工作、学习、生活中必不可少的一部分。城市轨道交通系统一旦发生运营事故，就会影响整个线路乃至整个城市轨道交通线网，导致其运营中断；会给整个城市的地面交通造成爆发性的巨大压力，直接影响整个城市的社会生产、人们的日常生活出行，严重的还会影响社会安定。城市轨道交通的运营生产要经过复杂的过程，需要许多有关工种和广大职工参与，共同劳动才能得以实现。对任何一个行业，安全必须贯穿整个生产的始终，牵扯着生产环节中的每一道工序、每一个人。在生产过程中，各个工作环节都必须严格遵章守纪，才能确保生产的安全。对于城市轨道交通行业来讲，只要某一个工种、某一个职工违章作业，就会间接或者直接造成行车事故或人身伤亡事故。城市轨道交通的安全生产受到外界自然环境变化的影响，如北方的严寒冬季，南方沿海的强台风，可能造成运输设备损坏，影响安全生产；强烈雷电，可能毁坏或干扰通信、信号设备的正常运转，影响到行车安全；地铁线路、车站多在地下隧道内，一旦发生火灾、爆炸等事故，疏散乘客、扑灭火灾，排除有害气体十分困难。另外，城市轨道交通的运营安全工作受社会大环境的影响大。社会治安秩序的好坏，沿线人民群众对城市轨道交通安全知识的了解程度等直接影响着城市轨道交通的运营安全。城市轨道交通设备先进、结构复杂，行车密度大、客流量大，在运营中不可预知的因素很多。随着人民群众对轨道交通服务质量的期望值越来越高，他们对行车安全的要求也越来越高。

二、城市轨道交通运营安全管理的概念

城市轨道交通运营安全管理就是运用安全系统分析和安全系统评价等技术理论及系统管理的思想的方法，及把构成运用系统的要素有效地组织起来，实行整体、动态、定量的全方位管理，以求达到安全运营的最佳状态。总的来说，设备设施方面要保证地铁装备功能完备、性能先进，防灾抗灾能力强，车站和区间隧道建筑结构设计合理，灾害发生时便于逃生。

1．具备完备的监测系统、安全装置、消防设施和安全保障系统

地铁运营也要严格贯彻“安全第一，预防为主”的方针。对站内和车内的情况进行实时监测就是一项重要手段。目前看来，地铁安全装置一般包括列车报警按钮、车门紧急解锁手柄、列车头部紧急疏散门、车站紧急停车按钮、车站智能烟感探头、车内的紧急照明等。并且站厅、站台设有消防栓、灭火器、自动水喷淋装置等消防设施；车站和区间隧道内设有排烟装置，防淹门等消防设施；每辆列车上都配备有灭火器。特别是在车站的出入口附近应设有与外部消防车接口的消防栓，方便外部救援力量的支援。

每一个地铁车站、轻轨车站、城际快轨车站，或者我们的铁路车站，为了尽可能地避免事故的发生，需要有安全可靠、功能互补的各类安全保障系统。例如：列车自动控制系统（ATC）、环境与设备监控系统（BAS）、电力监控系统（SCADA）、火灾自动报警系统（FAS）、综合监控系统（ISCS）、乘客资讯系统（PIS）、城市轨道交通控制中心系统（TCC）等 7 大系统。

2．具备违禁物品检测设备与系统

鉴于国外经常发生的地铁炸弹袭击事件和国内屡禁不止的乘客携带易燃易爆品进站事件，安全防范的重要举措就是要加大安全检查的力度。很有必要像铁路一样，在地铁进站口设安全检测仪，检测旅客行李是否带有危险品；在每个站点候车处安装探头，及时发现乘客携带的可疑物品。在一些特殊节假日的人流涌动高峰期，甚至还有必要出动防爆犬，在车站、车厢内加强乘客行李的安全检查，加大对各类危险品的查堵。

3．具备可靠装置防止坠轨和自杀

车站内的坠轨和自杀事故严重影响列车的正常运营。上海、深圳、广州等地的一些线路，就在地铁站台和轨道之间，设置特制的玻璃墙相隔离，墙上的门与车门的宽度完全对应。玻璃隔离墙就是我们所说的屏蔽门。只有在列车进站停稳后，墙门与车门才同时打开；乘客上下之后，墙门与车门同时关闭。无论列车进站与否，无论在候车时还是上下车时，乘客都不会也不可能掉下或是跳下站台。在北京，为防止地铁跳轨事件的发生，运营部门正采取积极的应对措施，计划在一线地铁各站安装红外线感应器，一旦有人越过黄线，感应器就能及时响起报警。

4．保证应急通道设置合理且通畅

应急通道的设置每一个城市的设计都有所不同例如上海在设计新的轨道交通线路时，沿线每隔 300 m 距离将设置一条应急通道。一旦列车在隧道中发生故障，或者发生火灾等险情，乘客可以通过应急通道走到站台，从而大大加快乘客疏散速度。而且地铁通风亭除起到保障车站通风顺畅外，还是紧急情况下的安全逃离及消防通道。例如北京地铁通风亭周围 100 m 为其保护范围，保护范围内要保持通畅，禁止搭建任何建筑物、构筑物或堆放物品。

5．具备安全化的附属设施

为了给乘客在乘车过程中提供便利，地铁内布置了很多附属设施。但从国外发生的某些事故来看，这些附属设施很有可能成为恐怖分子制造灾害的渠道。对此，各国地铁管理部门纷纷采取应对措施。自“9·11”恐怖袭击后，美国纽约地铁站里的垃圾箱换成了能抵御炸弹爆炸的新型垃圾箱。为避免发生危险事件，上海地铁也有类似举措，用一次性垃圾袋取代了原来的钢制垃圾筒。近日，为了降低突发事件可能造成的损失，俄罗斯有关部门计划在车辆内安装新式车窗玻璃，一旦发生爆炸，这种玻璃不会破碎，而是连同窗框一起脱落。

三、城市轨道交通运营安全管理的主要内容

当灾害发生时，人的素质对于降低事故的损失尤为重要。在 2003 年的韩国大邱纵火案和 2004 年的莫斯科地铁爆炸事件中，人的素质方面就有不同的表现。在莫斯科地铁爆炸事件中，地铁员工、乘客以及有关救援部门所表现出来的组织性和纪律性令人钦佩。机车司机及时采取措施，并向调度中心报告了所发生的情况。乘客听从司机的安排，互相帮助、十分有秩序地撤离了事发现场，没有发生由于拥挤、恐慌引起的人员伤亡事故。各种救援机构训练有素，能够及时到位并且各司其职。所有这些因素在一定程度上减轻了可能的损失。大邱纵火案中，地铁司机和综合调度室有关人员对灾难的发生有着不可推卸的责任，尤其是当时车站的中央控制室没有及时阻止另一辆列车进入车站，造成伤亡人员增加。韩国地铁火灾专家尹明浩教授在对现场勘察后，

严厉批评地铁运营当局缺乏事故认知能力，缺少责任意识。

总的来说，人的方面是指乘客要有较强的安全防范意识，地铁运营的管理者和作业人员要有高素质的职业道德和工作水平，具体表现在对乘客的宣传教育、对地铁工作人员的培训。

1．对乘客的宣传教育

对乘客要宣传教育他们注意以下准则：

（1）乘客在平时乘坐地铁时要注意熟悉环境及地铁的消防设施和安全装置，严格遵守地铁安全管理守则和乘客守则，严禁携带危险物品进入地铁站。

（2）当有人纵火制造事端或蓄意破坏地铁设施时，乘客应能挺身而出，同心协力，勇敢而坚决地予以制止。

（3）灾害发生时，取出列车座位底下的灭火器进行灭火并积极配合地铁工作人员的指挥，采取有效自救措施，留意车上广播，在司机的指引下，沉着冷静、紧张有序地通过车头或车尾疏散门进入隧道，往临近车站撤离。切忌在列车运行期间，有拉门、砸窗、跳车等危险行为。

2．对地铁工作人员的培训

（1）地铁工作人员平时要注重安全意识的培养，努力提高对易燃易爆危险物品的识别能力和自身处理各类突发事件的能力。广州地铁公司提出了“分钟紧急应对”的思路，即地铁各岗位员工、公安干警、在各种外部救援力量赶到地铁之前，明确分工、各尽其责，沉着冷静、忙而不乱地处理，尽可能地在 5 分钟之内控制或扑灭火灾，将灾害控制在最小范围或萌芽状态。

（2）灾害发生时，应有条不紊紧急处理，司机尽可能将列车开到前方车站处理，这样可以依靠车站的消防力量进行救灾。遇紧急情况，列车在隧道内无法运行时，需要在隧道内疏散乘客时，控制中心及司机应根据列车所在区间位置、火灾位置、风向等综合因素确定疏散方向，并迅速通知乘客，组织疏散。

四、城市轨道交通运营安全管理的特点

自 1918 年纽约发生世界第一起重大城市轨道交通伤亡事故以来，世界各国城市轨道交通事故时有发生，近年来城市轨道交通还逐渐成为恐怖袭击的主要目标之一。尽管各国纷纷出台各种安全及防范措施，但防范难度仍然很大。为此，世界各国不断采取和改善各种防范措施，尤其是加大力度提高安全管理水平，来确保安全。许多城市针对以往发生的各类事故，深入研究，在建设过程中注重借鉴以往的经验教训，并在建成后不断改进，在硬件设施上尽可能消除安全隐患。同时，针对各种可能发生的灾害制定紧急处置预案，并定期进行演练，提高危机处置能力。

我国城市轨道交通发展迅猛，截至 2017 年底，共计 34 个城市开通城市轨道交通

并投入运营，开通线路 165 条，运营线路长度超过 5 000 km，还有其他 20 多个城市正在建设、筹建或规划中。但是，我国城市轨道交通发展历史比较短，运营管理经验不足，城市轨道交通运营中存在许多不容忽视的安全隐患。由于我国尚未建立起完善的轨道交通运营安全法规和统一的管理标准，各地城市轨道交通运营安全保障工作处于分散不成体系的状态，对轨道交通运营的安全保障管理做法也各不相同。这种状态与轨道交通迅速发展的形势极不相称。

目前，发达国家的城市轨道交通运营安全管理主要采用系统的安全管理模式。在安全管理的思想上，突出了整体安全、系统安全的概念，涉及行车安全的人、设备、环境等因素，实现系统地管理与调度；在管理方式上，加大了安全法规的建设力度，实现法制化管理；在手段上开发了大量先进的行车安全监测设备，并通过计算机网络技术、通信技术实现了运输安全信息的远程集中管理和科学分析。

五、城市轨道交通运营安全保障系统

规范完备的安全管理制度是实现地铁运营安全的基础。从目前我国地铁运营的实际情况来看，我国需要建立安全保障系统，来确保我们城市轨道交通的日常安全运行。

1. 建立地铁灾害应急处理制度

建立和完善灾害应急处理制度，从而保证“灾而无难”或“难而少恙”。在日常管理中必须充分考虑到承受各种突发灾难的能力，包括自然的和人为的、内在的和外在的、可以预见和不可预见的灾难。一旦灾难突然而至，就能启动预警机制和救灾系统，将灾难控制在最小范围内，消除在初发状态中。

虽然我国北京、上海、广州等地已经建有应对地铁各种意外情况的紧急处理预案，但尚需进一步完善，上升到制度的标准。以 2004 年的莫斯科地铁火灾为例，在地铁司机和车站调度人员以及治安、消防、救护等部门紧急援助，在很短时间内就将 80 多人被送往医院，130 多人在现场接受了包扎和治疗。此外，事发当天各大医院迅速调集了人员和药品以应对此突发事件。所以建立一套适合我们有效的地铁灾难应急处理制度是有所必要的。

2. 建立地铁设施设备日常安全维护制度

要想保持地铁系统长周期的正常运行，就要求对各类设施设备及时维护保养，以减少随机故障。从防灾、抗灾的角度来讲，日常安全维护以及确保地铁站内设备的完备性，灭火装置的充分性、可用性是尤为重要的。例如 2004 年 3 月北京地铁四惠站和大望路站之间的一通风机突然开始冒烟，据说是因为线路短路造成的，虽然防救援迅速，加之疏散及时，没有引起骚乱，却说明了在设备维护中还存在缺陷和不足。

3. 建立地铁紧急状况定期演练机制

就在莫斯科爆炸案发生的前半个月，北京地铁就曾在建国门站进行了名为“列车发生爆炸迫停隧道内的应急先期处置”演习。其实在我国例如北京、上海、广州、香港等城市的地铁运营管理公司都多次同消防及相关部门进行实战演练，提高处理紧急事故的能力现在所缺的，是将这种演练提升成为经常性的定期演练机制。

4．开展国民地铁安全教育活动

安全教育是安全管理中的一项重要工作。在安全教育方面，俄罗斯除了在中学开设安全和逃生课程之外,紧急救援部也在有计划地向居民宣传安全防范和自救的知识。在 2004 年 2 月 6 日的莫斯科地铁炸弹袭击事件中，车厢内未受伤的乘客通过日常安全教育的学习掌握了安全防范和自救知识，他们帮助行动困难的乘客离开现场，从而最大限度地降低了人员的伤亡。就我国现状而言，亟待加快对乘客进行地铁安全教育工作的步伐，深入宣传“地铁安全，人人有责”的观点，努力提高乘客的安全防范和自救知识的水平。

任务检查

任务检查单见表 1-1。

表 1-1　城市轨道交通运营安全管理认知——任务检查单

任务编号	1-1	任务名称	城市轨道交通运营安全管理认知
序号	检查内容	是	否
城市轨道交通运营安全管理的必要性			
1	说明城市轨道交通运营安全管理的必要性		
城市轨道交通运营安全管理的概念			
2	说明城市轨道交通运营安全管理的概念		
3	说明城市轨道交通运营安全管理应具备的安全设备或装置		
城市轨道交通运营安全管理主要内容			
4	说明城市轨道交通运营安全管理的主要内容		
5	说明城市轨道交通运营安全工作的具体表现		
城市轨道交通运营安全管理的特点			
6	说明城市轨道交通运营安全管理的特点		
城市轨道交通运营安全保障系统			
7	说明如何建设城市轨道交通运营安全保障系统		

任务训练

（1）简述城市轨道交通运营安全管理的必要性。

（2）简述城市轨道交通的安全装置或设备。

（3）城市轨道交通运营安全管理工作的具体表现有哪些？

（4）简述城市轨道交通运营安全管理的特点。

（5）城市轨道交通运营安全保障系统该如何建立？

任务拓展

国内外城市轨道交通安全管理系统

一、国外城市轨道交通安全管理系统

以德国为代表的一些欧洲国家采取的是“专业化安全管理模式”。它们把探索安全管理治本途径问题一并考虑，用经营管理体制创新为安全管理升级拓展空间，以安全管理的不断深化增强企业的市场竞争能力，努力达到两者的协调互促、良性循环。它们推行了以“机务、车辆、工务、电务等路网系统分开管理”，使安全管理更加突出重点，技术管理更加专业化，管理范畴更加合理化，安全生产得到了根本性的改善。

日本靠技术装备升级而建立的“高技术型安全管理模式”，直接采用世界最先进的技术装备，在全国大力发展标准轨、高技术、高速度、高安全的轨道交通。采用了先进的机车、车辆、轨道、信号等技术装备，为保证高速列车的运行安全，同步上马了先进的以“轨道电路的数字列车自动控制”方式、无线电控制的 CARAT 等方式为主的“新型运输安全系统”，以及调车作业“装置化”的“编组站自动化系统”。为在既有线上“提速”而采用的“摆式列车”技术，同样有效地防止了因列车通过曲线和道岔超速而所引发的颠覆事故。这一系列高新技术的采用，极大地消除了人为的安全隐患。

美国采取的是“集中化安全管理模式”，使安全管理环境特点相近的线路集中起来，既有利于抓住安全管理的主要矛盾，又有利于发挥规模优势而通过加大投入来进行保证安全的技术装备的换代升级。

二、国内城市轨道交通安全管理系统

国内大多数城市轨道交通运营公司对于相关问题进行过一些单项的和观点性的研究，尚未形成理论或实际模式，这些管理办法总的来说具有重现实、重战术的特点。当然也有一部分企业借鉴了国内其他行业的企业安全管理模式，并对其进行改进使之适用于城市轨道交通运营的安全管理。归纳起来，具有代表性和影响力的主要有以下几种模式：

北京地铁制定了安全管理的具体目标，即“安全可靠、快捷准时、高效运行、出行方便、功能完善、舒心环保”，同时满足各方面顾客的不同需求。在此方针指导下，北京地铁运营公司详细制定了《运营事故处理规则》和《北京地铁运营服务标准》，并围绕地铁安全工作特点，公司在加强基础管理的研究与实践，深化“治、控、救”管理体系的同时，开展了评选“金手柄奖”、全员安全大讨论、安全月等一系列安全活动，积极推动安全管理工作。

天津地铁运营公司根据鞍钢的“0123”安全管理模式，制订自己的“0123”模式的安全管理目标：人员伤亡为0，其中包括员工和乘客；1个标准安全标准化班组建设；2个百分之百制度百分之百执行、作业百分之百登记；3个杜绝重大行车事故、杜绝非不可抗拒重大火灾事故、杜绝非不可抗拒的爆炸事故。以保证乘客安全、保障员工健康为出发点，以“0”来统率全局，开展安全管理工作。通过安全生产责任制、企业安全文化建设和紧急状况下安全管理等对策的实施，通过IS09000体系认证，合理调整生产责任制与安全文化建设的关系，使两者能有效地结合，使员工、乘客和公司三者成为利益的共同体。

任务二　城市轨道交通事故类别

任务描述

随着轨道交通的不断完善与发展，人们出行也越来越倾向于选择城市轨道交通，人流的不断增加，就会存在安全隐患，甚至导致事故的发生。

任务目标

- 了解事故等级分类。
- 掌握城市轨道交通事故分类。
- 了解铁路交通事故。

任务学习

地铁给我们的生活带来了极大的方便，它改变了我们的生活，我们的生活也越来越离不开地铁。同时，地铁事故也时有发生。地震，踩踏，火灾，水灾，爆炸，地铁脱轨，地铁冲突，列车解体，毒气袭击，恐怖劫持，路外人员伤亡，有害物质泄漏，突发大客流或因设备故障、损坏等原因造成中断运营都是世界上已发生的地铁事故。

一、事故等级分类

（1）特别重大事故：指造成 30 人以上死亡，或者 100 人以上重伤（包括急性工业中毒，下同），或者 1 亿元以上直接经济损失的事故。

（2）重大事故：指造成 10 人以上 30 人以下死亡，或者 50 人以上 100 人以下重伤，或者 5 000 万元以上 1 亿元以下直接经济损失的事故。

（3）较大事故：指造成 3 人以上 10 人以下死亡，或者 10 人以上 50 人以下重伤，或者 1 000 万元以上 5 000 万元以下直接经济损失的事故。

（4）一般事故：指造成 3 人以下死亡，或者 10 人以下重伤，或者 1 000 万元以下直接经济损失的事故。

二、城市轨道交通事故分类

地铁一般都建在地下或高架桥的半封闭空间里，具有密封性、隐蔽性、设备高度密集、人员高度集中等特点，一旦发生重大事故、灾难等突发事件，人员疏散和救援困难，如果处置不当将会产生巨大的人身和财产损失，对我们的生活和社会经济的发展造成重大影响。所以我们一定要有避险意识和一定的自救技能。

1. 自然灾害

地球上的自然灾害，包括人类活动诱发的自然灾害，孕育于由大气圈、岩石圈、水圈、生物圈共同组成的地球表面环境中。自然灾害同时也会影响到城市轨道交通的运营安全。地震、内涝等自然灾害都可能导致城市轨道交通事故的发生，例如 2008 年 7 月 4 日由于持续的大雨导致路面积水过多，雨水倒灌致导致变电站的天花板出现渗水，从而导致北京地铁 5 号线停运 3 小时。

2. 运营管理失误引发事故

轨道交通运营管理中的行车组织、行车规章、行车人员或安全信息等条件中的任意一点发生错误，都会影响轨道交通的安全，尤其是信号系统异常造成的非正常情况下的行车组织，更是考验人与制度的关键时刻，未获得有效的行车凭证、错接漏接行车命令、忽略行车信号、无视作业环境安全等均是典型的事故原因。例如 2012 年 9 月 27 日上海 10 号线追尾事故就是因为检修人员在未采取有针对性防范措施的情况下进行带电作业，导致供电缺失，引发这起事故。还有 2013 年 1 月 8 日昆明地铁发生脱轨事故，这起事故导致一名司机死亡。事故的原因是因为施工单位将建设周期从 5 年缩短至 3 年。工期得缩短导致没有严格按照施工规范要求进行安装，造成驾驶室车顶上方通风单元坠落正中驾驶室，导致一名驾驶员当场死亡，另外一名重伤，还好当时线路处于空载试运行，不然会造成更大的伤亡事故。

3. 运营人员失误引发事故

运营人员是轨道交通安全的主导者，是保障安全运营实现的防线。轨道交通事故中，很大一部分事故的发生是由于运营人员的违章操作、违章指挥、臆测行车、精神萎靡造成的，涉及调度人员、司乘人员、车站人员、检修和设备人员，涵盖了所有的一线岗位。例如：2006 年 10 月 17 日罗马地铁列车追撞事故事故的原因主要是司机和行调都没有对行车工作引起高度的重视，违章作业，安全意识不强导致。2007 年 4 月 2 日广州地铁 3 号线列车脱轨事故是 0517 次列车司机操作失误导致的。

4. 携带违禁物品、恐怖袭击引发事故

近十几年来，世界范围内轨道交通的恐怖袭击事件或灾难性事故屡有发生，造成严重的人身伤亡事件和财产安全损失。现阶段正是我国城市轨道交通的高速发展时期，应对恐怖威胁已经成为保障轨道交通安全的首要任务。例如 2005 年 7 月 7 日，恐怖分子在英国伦敦 3 个地铁站和 1 辆公交车上制造自杀性爆炸事件，造成 52 人死亡，700 多人受伤。当时伦敦正举行八国峰会，并庆祝申奥成功。

5. 技术设备不良引发事故

地铁设备安全隐患的特征，主要有以下 8 个方面：隐蔽性、危险性、突发性、因果性、重复性、意外性、时效性、特殊性。保证设备处于良好状态主要依靠以下两方

面内容：各类监控系统在列车运营过程中启动监控作用，实时掌握设备及列车运行状况，一旦发生问题马上启动警报；工作人员对监控设备状态的监控，也是城市轨道交通运行监控任务中的另一主要方面。例如 2009 年 6 月 23 日美国华盛顿地铁相撞事故，经专家分析，信号系统失灵以及驾驶员失误是造成列车相撞的原因。

三、铁路交通事故

铁路机车车辆在运行过程中发生冲突、脱轨、火灾、爆炸等影响铁路正常行车的事故，包括影响铁路正常行车的相关作业过程中发生的事故，或者铁路机车车辆在运行过程中与行人、机动车、非机动车、牲畜及其他障碍物相撞的事故，均为铁路交通事故。

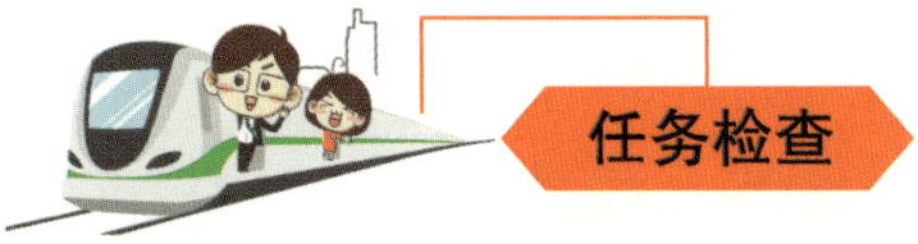

任务检查单见表 1-2。

表 1-2　城市轨道交通事故类别——任务检查单

任务编号	1-2	任务名称	城市轨道交通事故类别
序号	检查内容	是	否
	事故等级分类		
1	说明事故等级的分类		
	城市轨道交通事故分类		
2	说明不同情况城市轨道交通事故的类型		
	铁路交通事故		
3	说明铁路交通事故的概念		

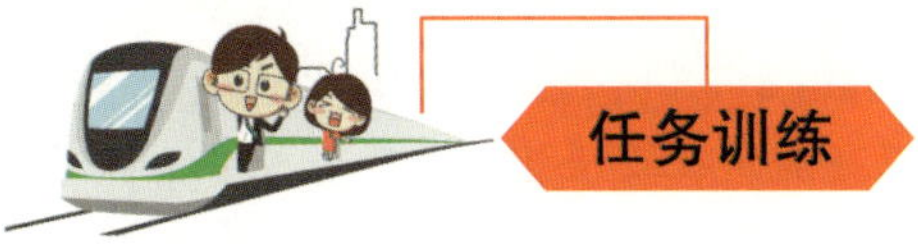

（1）请简述城市轨道交通事故的种类。

（2）城市轨道交通事故类型有哪些？

任务拓展

历年铁路重大事故见表 1-3。

表 1-3　历年铁路重大事故（1991—2011）

时间	地点	成因	死亡	重伤	轻伤	损坏客车
1991 年	线路	追尾冲突	1	28		
1991 年	隧洞	列车人员误判火灾	10			
1992 年	车站	冒进、冒出信号	15	25		11
1993 年	线路	尾追冲突	40	9	39	21
1994 年	车站	正面冲突	8	23	9	
1997 年	线路	列车相撞	126	45	185	
1999 年	线路	脱轨	9	15	25	12
2001 年	车站	颠覆事故	2	50		
2005 年	线路	追尾事故	6	30		1
2006 年	线路	信号故障	2	18		
2007 年	线路	大风造成脱轨	3	2	32	
2008 年	线路		18	9		
2008 年	线路	脱线相撞	43	247		
2009 年	车站	侧面冲突	3	60		
2011 年	线路	尾追冲突	35	210		

任务三　安全生产责任制认知

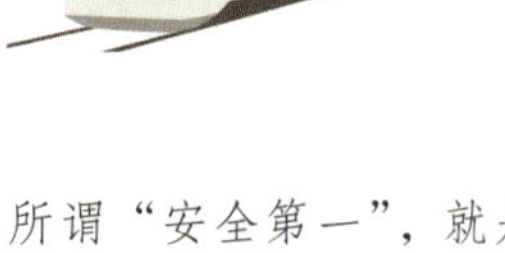

任务描述

所谓“安全第一”，就是要求全体职工思想高度重视安全生产，工作中保证安全生产。对于城市轨道交通来说，安全也是首要任务。虽然说城市轨道交通属于公共交通，但是其与公路上的公共交通相比，城市轨道交通运量要远超公交，且其运行环境是在封闭或者半封闭的状况下运营，一旦发生安全事故，乘客及工作人员伤亡的数量较大，且救援人员进入现场救援的难度也较大。

任务目标

- 掌握安全生产的概念。
- 掌握安全的定义。
- 掌握安全生产责任制的概念和作用。

任务学习

安全生产责任制是根据我国的安全生产方针“安全第一，预防为主，综合治理”和安全生产法规建立的各级领导、职能部门、工程技术人员、岗位操作人员在劳动生产过程中对安全生产层层负责的制度。安全生产责任制是企业岗位责任制的一个组成部分，是企业中最基本的一项安全制度，也是企业安全生产、劳动保护管理制度的核心。所谓“预防为主”，就是要及时发现不安全的因素，见微知著，防微杜渐，防患于未然；就是要抓小、抓事故苗子，把事故消灭在萌芽状态；就是要根据以往事故产生的原因、条件和规律，建立必要的制度，制定必要的规章，采取必要的措施等，杜绝事故发生。

一、安全生产的概念

（一）安　全

安全是指没有受到威胁、没有危险、危害、损失。人类的整体与生存环境资源的和谐相处，互相不伤害，不存在危险、危害的隐患，是免除了不可接受的损害风险的状态。安全是在人类生产过程中，将系统的运行状态对人类的生命、财产、环境可能产生的损害控制在人类能接受水平以下的状态。

安全，是人类的本能欲望。中国人一向以安心、安身为基本人生观，并以居安思危的态度促其实现。但是随着社会的进步，人类生活方式愈趋复杂，可能危害身体生命安全的情况随之增加。例如交通安全、家庭安全等。

（二）交通安全

交通安全（The traffic safety），是指人们在道路上进行活动、玩耍时，要按照交通法规的规定，安全地行车、走路，避免发生人身伤亡或财物损失。中国每一分钟有一人因车祸伤残，每五分钟有一人因车祸死亡。每天因车祸死亡的有 300 人左右，每年因车祸死亡的有 10 万人左右。中国汽车数量占世界 1.9%，车祸死亡人数占世界 15%，且每年增加 4.5%。自 1899 年发生第一起有记录车祸以来，全球车祸累计死亡 3 000 多万人，超过第一次世界大战死亡人数。

交通中的要素是人、车、路、环境与管理。其中人是主要因素，80% 以上的事故责任在于驾驶人员。因此预防交通事故的重点在提升驾驶人员安全意识和驾驶技能，同时加强对驾驶者自身的防护。交通事故的主要原因：超速驾驶、违章驾驶、滥用远光灯、疲劳驾驶、酒后驾驶等。大多数情况与眼疲劳相关，眼疲劳是交通安全的重要杀手！因此驾驶人员要加强驾驶过程中的眼防护。

对于轨道交通也是一样，铁路运输的安全状况反映铁路的管理水平、设备质量、人员素质和社会秩序的状况，是铁路运输质量的重要表现。铁路运输生产过程中，保证旅客的生命财产不受损伤，保持货物的完整无缺，是铁路运输服务的一项重要质量指标。中国铁路部门贯彻安全第一方针，制定了完善的规章制度，开展标准化活动，严格作业纪律，加强设备检修，不断采用新装备、新技术，以保证运输安全。同时还制定了控制及考核运输安全的有关事故规则，其中行车事故主要有冲突、脱轨等 52 项，按损失程度分为重大、大、险性、一般等 4 类行车事故；旅客伤亡事故分为死亡、重伤、轻伤 3 类；行李包裹事故主要是丢失、破损等 7 项，按损失大小分为重大、大、一般 3 类；货物运输事故主要有火灾、被盗、丢失等 9 项，也按损失程度分为重大、大、一般 3 类。铁路总公司、各铁路局集团公司还分别设置安全监察机构，对铁路运输安全工作进行监督检查。

（三）安全生产

安全生产是一个综合性指标，它与很多因素有关，诸如设备因素、环境因素、规章因素、人的因素（如：疲劳、情绪、注意力、反应能力、生理节律）等等。要做好安全生产，就必须研究这些因素的影响，找出倾向性的问题，采取措施，预测和预防。大量事实证明，在诸多因素中人的因素与安全生产关系最密切。人的差错和疏忽而引起的事故，在事故中占的比重较大。因此，着重研究人为事故的原因及其防止对策，对于保证安全生产是很重要的。以往在抓人为事故因素方面虽然也很重视，也积累了一些有益经验，但不够全面，特别是忽略了人体生理、心理因素对安全的影响。

安全生产“五要素”是企业促进安全生产所必须考虑的重要问题，只有从五个方面努力加强管理，不断探索，才能使城市轨道交通企业的安全管理水平持续提高。安全生产是一个系统工程，要将安全寓于生产、管理和科技进步之中，要注意克服体制机制的弊端，注重源头治理，实现本质安全。在城市轨道交通运营中，应促进安全生产“五要素”的落实。

所谓“五要素”，即是安全文化、安全法制、安全责任、安全投入及安全科技。安全生产“五要素”既相对独立，又是一个有机的整体，相辅相成，甚至互为条件。既有宏观战略的高度，也有微观战术的深度。可以说，抓住了“五要素”，就基本上抓住了当前我国政府和企业安全生产工作的趋势和重点。

1．安全文化

安全文化是安全生产的根本。安全文化最基本的内涵就是人的安全意识，即加强安全文化建设，强化全民安全意识，提高全民安全素质，把安全意识提到全社会的层面上来，将安全宣传教育深入人心，保证公民人人具有自我保护意识，真正做到警钟长鸣，居安思危，言危思进，常抓不懈。安全理念决定安全意识，安全意识决定安全行为。因此必须在抓好员工安全理念渗透和安全行为养成上下功夫。要使广大员工不仅对安全理念熟读、熟记，入脑入心，全员认知，而且要内化到心灵深处，转化为安全行为，升华为员工的自觉行动。企业可以通过搞好站场班组安全文化建设来实施，如根据各时期安全工作特点，悬挂安全横幅、张贴标语、宣传画、制作宣传墙报、出版通讯、发放宣传资料、播放宣传片、广播安全知识，在班组园地和各科室张贴安全职责、操作规程，还可在班组安全学习会上，不断向员工灌输安全知识，将安全文化变成员工的自觉行动。

2．安全法制

安全法制是保障安全生产的最有力武器。建立和完善安全生产法规体系是安全生产的制度保障，是生产管理和技术在安全保障上应用的制度化和标准化。从全局的角度来看，应以安全生产法作为核心，并与相配套的法规、规章、制度一起形成全社会的安全法律体系；从生产经营单位来看，安全生产法规的落实和安全生产标准的规范执行，是生产经营的最基本的要求和前提条件。另一方面，要建立、修订、完善企业安全管理相关的规定、办法、细则等，为强化安全管理提供法律依据。“懂法”，要实现安全生产法制化，“立法”是前提，“懂法”是基础。只有使全体干部、员工学法、懂法、知法，才能为“以法治安”打好基础。“守法”，要把以法治安落实到安全管理全过程，必须把各项安全规章制度落实到生产管理全过程。全体干部、员工都必须自觉守法，以消除人的不安全行为为目标，才能避免和减少事故发生。“执法”，要坚持“以法治安”，离不开监督检查和严格执法。为此，要依法进行安全检查、安全监督，维护安全法规的权威性。

3．安全责任

安全责任是安全生产的灵魂，是安全生产法规的具体体现。安全责任制的实质是“安全生产人人有责”。建立健全安全生产责任体系不仅要强化问责制的行政责任追究制度，还要依法进究安全事故罪的刑事责任，并随着市场经济体制的完善，强化和提高民事责任或经济责任的追究力度。必须层层落实安全责任。企业应逐级签定安全生产责任书。责任书要有具体的责任、措施、奖罚办法。对完成责任书各项考核指标、考核内容的单位和个人应给予精神奖励和物质奖励；对没有完成考核指标或考核内容的单位和个人给予处罚；对于安全工作做得好的单位，应对该单位领导和安全工作人员给予一定的奖励。

4. 安全投入

安全投入是安全生产的基本保障。安全是生产力，安全需要成本，安全生产的实现要靠投入的保障作为基础。提高安全生产的能力，需要为安全付出成本。设备老化、安全设施缺失、安全人才的匮乏是安全之患。要建立企业、地方、国家多渠道的安全投入机制，加快技术改造，消除安全隐患。

安全投入包括两个方面：一是资金投入，二是人才投入。要按规定从成本中列支安全生产专项资金，用于改善安全设施，更新安全技术装备、器材、仪器、仪表以及其他安全生产投入，以保证生产经营单位达到法律、法规、标准规定的安全生产条件，实现最关键的本质安全。本质安全是指设备、设施和安全生产过程中，能够从根本上防止发生事故的可能。城市轨道交通企业要引进安全管理和城市轨道交通专业人才，提高公司安全管理队伍的素质以及技术水平，为实现公司安全和谐发展打下坚实的基础。另一方面，企业应创造机会让安全工作人员参加专业培训，组织他们到安全工作做得好的单位参观学习、吸取经验。

5. 安全科技

要提高安全管理水平，必须加大安全科技投入，运用先进的科技手段来监控安全生产全过程。如安装闭路电视监控系统、消防喷淋系统等，把现代化、自动化、信息化全部运用到安全生产管理中

（四）安全标志

根据《安全标志及其使用导则》（GB2894—2008），安全标志是用以表达特定安全信息的标志，由图形符号、安全色、几何边框、文字构成。

安全标志的作用：

（1）向工作人员警示工作场所或周围环境的危险状况，指导人们采取合理行为。

（2）能够提醒工作人员预防危险，从而避免事故发生；当危险发生时，能够指示人们尽快逃离，或者指示人们采取正确、有效、得力的措施，对危害加以遏制。

（3）安全标志不仅类型要与所警示的内容相吻合，而且设置位置要正确合理，否则就难以真正充分发挥其警示作用。

相应的轨道交通也需要有属于自己的安全标志。

二、安全生产责任制

（一）安全生产责任制概念

安全生产责任制是经长期的安全生产、劳动保护管理实践证明的成功制度与措施。这一制度与措施最早见于国务院 1963 年 3 月 30 日颁布的《关于加强企业生产中安全工作的几项规定》就是所谓的《五项规定》。《五项规定》要求企业的各级领导、职能部门、有关工程技术人员和生产工人，各自在生产过程中应负的安全责任，必须加以明确的规定。

（二）安全生产责任制的作用

（1）企业单位的各级领导人员在管理生产的同时，必须负责管理安全工作，认真贯彻执行国家有关劳动保护的法令和制度，在计划、布置、检查、总结、评比生产的时候，同时计划、布置、检查、总结、评比安全工作。

（2）企业单位中的生产、技术、设计、供销、运输、财务等各有关专职机构，都应该在各自业务范围内，对实现安全生产的要求负责。

（3）企业单位都应该根据实际情况加强劳动保护工作机构或专职人员的工作。劳动保护工作机构或专职人员的职责就是协助领导上组织推动生产中的安全工作，贯彻执行劳动保护的法令、制度；汇总和审查安全技术措施计划，并且督促有关部门切实按期执行；组织和协助有关部门制订或修订安全生产制度和安全技术操作规程，对制度、规程的贯彻执行进行监督和检查；经常进行现场检查，协助解决问题；如果遇到特别紧急的危险情况，有权力下达停止生产指令，并且立即报告领导；对职工进行安全生产的宣传教育；指导生产小组安全员工作；督促有关部门按规定及时分发和合理的福利待遇，参加审查新建、改建、大修工程的设计计划，并且参加工程验收和试运转工作；参加伤亡事故的调查和处理，进行伤亡事故的统计、分析和报告，协助有关部门提出防止事故的措施，并且督促他们按期实现；组织有关部门研究执行防止职业中毒和职业病的措施；督促有关部门做好劳逸结合和女工保护工作。

（4）企业单位各生产小组都应该设有不脱产的安全员。小组安全员在生产小组长的领导和劳动保护干部的指导下，首先应当在安全生产方面以身作则，起模范带头作用，并协助小组长做好下列工作：经常对本组工人进行安全生产教育；督促他们遵守安全操作规程和各种安全生产制度；正确地使用个人防护用品；检查和维护本组的安全设备；发现生产中存在危险情况的时候，及时报告；参加事故的分析和研究，协助领导实现预防事故发生的措施。

（5）企业单位的职工应该自觉地遵守安全生产规章制度，不进行违章作业，并且要随时制止他人违章作业，积极参加安全生产的各种活动，主动提出改进安全工作的意见，爱护和正确使用机器设备、工具及个人防护用品。

任务检查

任务检查单见表 1-4。

表 1-4　安全生产责任制认知——任务检查单

任务编号	1-3	任务名称	安全生产责任制认知
序号	检查内容	是	否
安全生产的概念			
1	说明安全的基本概念		
2	说明交通安全的概念		
3	说明安全生产的概念		
4	说明安全标识的概念		
安全生产责任制			
5	说明安全生产责任制的概念		
6	说明安全生产责任制的作用		

任务训练

（1）请简述《五项规定》的要求。

（2）请简述安全生产的概念及其“五要素”。

（3）请简述安全生产责任制的作用。

任务拓展

建立企业安全生产责任制的作用

（1）让企业各方面人员不仅要生产而且还要分担安全责任，职责明确，分工协作，共同努力做好安全工作。尽可能地防止和克服安全工作中的互相推辞、无人负责、职责混乱的现象，把安全工作与生产工作从组织领导上统一起来。

（2）可以更好地发挥企业安全专职机构的作用，使各方面职责明确地共同搞好安全工作。这既是对安全工作的加强，又是对安全专职机构工作职责的明确，使业务工作走上正轨，克服工作忙乱、不务正业的现象，更好地发挥企业安全专职机构作为领导在安全工作上的助手和安全生产的组织者的作用。

（3）对于事故进行调查、处理，分清责任，吸取教训，改进工作都有积极作用。

项目二

城市轨道交通运营及车站的安全管理

任务一　城市轨道交通运营安全管理

任务描述

地铁作为大运量的城市轨道交通工具，在世界主要发达国家及地区已经得到了广泛应用。截至2017年底，我国的北京、上海、广州、天津、深圳、南京、武汉、重庆、成都、长春、杭州、苏州、无锡等34座城市的地铁已在运营中，对城市的公共交通起到了重要作用。

城市轨道交通运营安全是整个城市轨道交通的命脉，如果不能安全运行，那么我们的轨道交通就无法成为城市的便捷工具，所以需要在运营管理的各个方面进行全方面的安全管理和要求。

任务目标

- 掌握城市轨道交通危险源的识别。
- 熟悉城市轨道交通系统主要危险因素及分级。
- 掌握LEC评价法。
- 了解城市轨道交通运营安全控制。
- 掌握行车调度工作的基本任务和作用。
- 了解调车作业安全的重要性和要求。

任务学习

一、城市轨道交通危险源的识别

随着我国城市化进程的逐步加速，城市轨道交通建设迎来了黄金发展期。为做好城市轨道交通运营服务工作，确保运营安全，应建立城市轨道交通运营危险源查找、识别、分析、评价、管控体系，消除影响地铁运营安全的各个危险源可能带来的不安全性，为城市轨道交通运营安全提供有力保障。

（一）基本概念

1. 危险源

危险源是指可能造成人员伤害、职业病、财产损失、作业环境破坏或这些情况组合的根源或状态。具有潜在危险性的物质与能量，并可能对人身、财产、环境造成危害的设备、设施或场所，即我们通常所指的危险源。从能量释放的角度，危险源可理解为：系统存在的可能发生意外能量释放的危险物质。

2. 危险化学品重大危险源

在《危险化学品重大危险源辨识》（GB18218—2009）标准中，将危险化学品重大危险源定义为：长期地或临时地生产、加工、使用或储存危险化学品，且危险化学品的数量等于或超过临界量的单元。单元指一个（套）生产装置、设施或场所，或同属一个工厂的且边缘距离小于500米的几个（套）生产装置、设施或场所。

3. 危险化学品重大危险源辨识

根据危险物质的特性及其数量，若等于或超过了临界量即为重大危险源。其中，单元内存在危险物质的数量，根据物质种类的多少分二种情况：若存在的危险物质为单一品种，则其数量等于或超过《危险化学品重大危险源辨识》（GB18218—2009）标准中规定的临界量即为重大危险源；若存在的危险物质为多种，则按下式计算，满足该公式即为重大危险源。

$$q_1/Q_1+q_2/Q_2+q_3/Q_3+\cdots+q_n/Q_n\geqslant 1$$

式中：$q_1, q_2, q_3 \cdots q_n$——各种危险物质实际存在量；

$Q_1, Q_2, Q_3 \cdots Q_n$——与各种危险物质相对应的生产场所或储存区的临界量。

《危险化学品重大危险源辨识》（GB18218—2009）规定了9种重大危险源分别是：①爆炸品；②易燃气体；③毒性气体；④易燃液体；⑤易于自燃的物质；⑥遇水放出易燃气体的物质；⑦氧化性物质；⑧有机过氧化物；⑨毒性物质。

4．城市轨道交通危险源

城市轨道交通危险源是可能造成人员伤害、职业病、财产损失、作业环境破坏、行车等各类事故或其组合的根本原因或状态。

5．危险源识别

危险源识别是确认危险源的存在并确定其特性的过程，实质是找出组织中存在的人的不安全行为、物的不安全状态、作业环境中存在的危害因素及管理缺陷。

6．城市轨道交通运营事件

城市轨道交通运营事件指造成或可能造成事故的事情。

7．城市轨道交通运营事故

城市轨道交通运营事故指造成死亡、职业病、伤害、财产损失、行车运转异常或其他损失的意外事件。

8．城市轨道交通运营风险

城市轨道交通运营风险指特定危险事件发生的可能性与后果的组合。

9．城市轨道交通运营风险评价

城市轨道交通运营风险评价指评价风险程度并确定风险是否可容许的全过程。

10．职业健康与安全

职业健康与安全指影响运营单位所属场所内所有人员，包括正式员工、临时工、委外人员、访问者和其他人员的安全和健康的条件和因素。

（二）危险源的类别和识别

1．危险源类别

危险源分类见表 2-1。

表 2-1　危险源分类

危险源	主要内容
物理性危险源	设备、设施缺陷（强度不够、刚度不够、稳定性差、密封不良、外露运动件等）
	防护缺陷（无防护、防护装置和设施缺陷、防护不当、防护距离不够等）
	电危害（带电部位裸露、漏电、雷电、静电、电火花等）
	噪声危害（机械性噪声、电磁性噪声、流体动力性噪声等）
	震动危害（机械性震动、电磁性震动、流体动力性震动等）

续表

危险源	主要内容
物理性危险源	电磁辐射（电离辐射：X射线、γ射线、α粒子、β粒子、质子、中子、高能电子束等；非电离辐射；紫外线、激光、射频辐射、超高压电场等）
	运动物危害（固体抛射物、液体飞溅物、反弹物、岩土滑动、气流卷动等）
	明火
	能造成灼伤的高温物体（高温气体、高温液体、高温固体等）
	能造成冻伤的低温物体（低温气体、低温液体、低温固体等）
	粉尘与气溶胶（不包括爆炸性、有毒性粉尘与气溶胶）
	作业环境不良（基础下沉、安全过道缺陷、有害光照、通风不良、缺氧、空气质量不良、给排水不良、气温过高、气温过低、自然灾害等）
	信号缺陷（无信号设施、信号选用不当、信号不清、信号表示不准等）
	标志缺陷（无标志、标志不准、标志不规范、标志位置缺陷等）
	其他物理性危险源
化学性危险源	易燃易爆性物质（易燃易爆性气体、易燃易爆性液体、易燃易爆性固体、易燃易爆性粉尘与气溶胶等）
	自燃性物质
	有毒物质（有毒气体、有毒液体、有毒固体、有毒粉尘与气溶胶等）
	腐蚀性物质（腐蚀性气体、腐蚀性液体、腐蚀性固体等）
	其他化学性危险源
生物性危险源	致病微生物（细菌、病毒、其他致病微生物）
	传染病媒介物
	致害动物
	致害植物
	其他生物性危险源
心理、生理性危险源	负荷超限（体力负荷超限、听力负荷超限、视力负荷超限等）
	健康状况异常
	从事禁忌作业
	心里异常（情绪异常、冒险心理、过度紧张等）
	辨识功能缺陷（感知延迟、辨识错误、其他辨识功能缺陷等）
	其他心理、生理性危险源
行为性危险源	指挥错误（指挥失误、违章指挥等）
	操作失误（误操作、违章作业等）
	监护失误
	其他行为性危险源
	其他危险源

2．危险源的识别方法

在识别过程当中应充分发挥集体的力量，结合使用：

（1）脑力风暴；

（2）经验判断；

（3）失效模式与效应分析；

（4）危害与操作性分析；

（5）工作安全分析等方法。

3．危险源识别时要考虑三种状态、三种时态、六种类型

应关注的三种状态：

（1）常规状态。正常生产过程中的危险源的存在方式。

（2）非常规状态。非常规状态可以分成以下三种情况：

① 异于常规、周期性的或临时性的作业、活动。

② 偶尔出现、频率不固定，但可预计出现的状态。

③ 由于外部的原因（如天气）导致的非常规状态，如启动、关闭、试车、停车、清洗、维修、保养等。

（3）潜在的紧急情况。

① 往往不可预见其后果的情况。

② 后果是灾难性的，不可控制的情况，如火灾、爆炸、严重的泄漏、碰撞及事故。

应考虑的三种时态：

（1）过去：在本企业过去的某些活动中，或在类似企业的某些活动中存在的危险源或发生过事故。

（2）现在：目前正在从事的有危险源的活动。

（3）将来：在可以预见的将来还会存在有危险源的活动。

六种类型：物理性、化学性、生物性、心理生理性、行为性和其他危险源。

4．识别危险源的步骤

（1）识别准备。

① 确定分工。

② 收集识别范围内的资料。

③ 列出识别范围内的活动或流程设计的所有方面。

（2）分类识别危险源。从厂址、厂区平面布局、建（构）筑物、生产工艺过程、生产设备、装置、作业环境及管理措施六个方面进行分类识别。

（3）划分识别单元。识别单元是分类识别危险源的细化，可以按照工艺、设备、物料、过程来细化；同类的过程或设备可以划为一类识别对象；识别对象不宜过粗或过细。

（4）危险源的识别。先找出可能的事故伤害方式，再找出其原因。

（5）填写危险源登记表。

（三）城市轨道交通危险源的识别

城市轨道交通危险源识别涉及员工的健康与安全、行车安全、设备安全、消防安全、交通安全、乘客及相关方安全、财产损失和列车延误等范畴。

1. 危险源识别范围

城市轨道交通运营危险源识别范围重点是运营生产服务活动和所涉及的各环节，包括员工、乘客、承包商、设备的操作维护、涉及的危险材料、危险的作业方法、危险的作业环境等，即人、机、料、法、环五个方面的因素。

（1）按地点划分：各车站、车辆段、OCC、办公楼。

（2）按活动划分：常规活动、非常规活动、潜在的紧急情况，所包含的主要内容见表 2-2。

表 2-2 各活动主要内容

活动类型	主要内容
常规活动	运营服务活动：依据运营时刻表组织列车运营、客运服务过程
	设备设施的设计、安装、调试、验收、接管、使用过程
	公共活动：相关部门均有的活动，包含办公、电梯、叉车、消防设施、空调、空压机、抽风机使用，化学物品搬运储存、废弃等
	间接活动：为运营服务活动提供支持的活动，主要包括物资部仓库管理、检验、物料采购以及物料的使用管理、食堂管理等
非常规活动	设备设施维护保养，消防及行车疏散演习，因公外出，合同方在总部的活动（如工程施工、维修、清洁等）
潜在的紧急情况	如行车、火灾、爆炸、化学物品泄漏、中毒、台风、雷击、碰撞等事故事件（潜在的紧急情况的危险辨别须考虑紧急情况发生时和发生后进行抢险程中存在的危险）

（3）职业健康与安全：

① 员工、委外人员、承包商、乘客及其他进入运营单位范围内的人员。

② 运营单位设备。例如：列车、通号系统、供电系统、轨道系统、电扶梯、消防系统、车站自动控制系统及检修设备、辅助设备等。

③ 承包商带入运营单位范围内的设备。

④ 运营单位的建构筑物。

⑤ 运营单位涉及的存在危险性的材料。

⑥ 职业健康与安全相关的作业方法、规章制度等

⑦ 环境，包括运营单位所处的自然及社会环境。

⑧ 其他需要识别的范围。

2. 确定危险源事故类型

（1）一般危险源事故类型。

在进行危险源辨识前必须把危险源事故类型确定下来，以防止危险源识别不清晰、不全面。通过《企业职工伤亡事故分类标准》（GB6441—1986）及分析城市轨道交通运营过程可能发生的事故/事件，确定了危险源事故类型表，见表 2-3。

表 2-3 危险源事故类型

<table>
<tr><th>类别编号</th><th>事故类别名称</th><th>备注</th><th>类别编号</th><th>事故类别名称</th><th>备 注</th></tr>
<tr><td>1</td><td>物体打击</td><td rowspan="14">伤害事故</td><td>15</td><td>噪声聋</td><td rowspan="4">职业病</td></tr>
<tr><td>2</td><td>车辆伤害（指马路车辆）</td><td>16</td><td>尘肺</td></tr>
<tr><td>3</td><td>机械伤害</td><td>17</td><td>视力受损</td></tr>
<tr><td>4</td><td>起重伤害</td><td>18</td><td>其他职业病</td></tr>
<tr><td>5</td><td>触电</td><td>19</td><td>健康受损</td><td>健康危害</td></tr>
<tr><td>6</td><td>淹溺</td><td>20</td><td>财产损失（2 000 元及以上）</td><td>无伤害事件案/事故</td></tr>
<tr><td>7</td><td>灼烫</td><td>21</td><td>列车延误</td><td>无伤害的列车延误事件</td></tr>
<tr><td>8</td><td>火灾</td><td>22</td><td>行车事件/事故</td><td>含人员伤亡的行车事件/事故</td></tr>
<tr><td>9</td><td>高处坠落</td><td>23</td><td>可能引发列车事件/事故的设备缺陷事件和行为事件</td><td>这里是引发行车事件/事故的危险源</td></tr>
<tr><td>10</td><td>坍塌</td><td>24</td><td>其他事件/事故</td><td>无伤害事件/事故</td></tr>
<tr><td>11</td><td>容器爆炸</td><td></td><td></td><td></td></tr>
<tr><td>12</td><td>其他爆炸</td><td></td><td></td><td></td></tr>
<tr><td>13</td><td>中毒和窒息</td><td></td><td></td><td></td></tr>
<tr><td>14</td><td>其他伤害</td><td></td><td></td><td></td></tr>
</table>

表 2-3 中“可能引发行车事件/事故的设备缺陷事件和行为事件”及“行车事件/事故”这两个事故类型是一种从属的关系，即“可能引发行车事件/事故的设备缺陷事件和行为事件”事故类型的风险属于“行车事件/事故”事故类型风险的危险源。涉及这种从属关系的事故类型可把运营过程中可能发生的重要风险所涉及的危险源划归到相关部门进行控制。

（2）城市轨道交通运营事故的类型（典型）。

① 行车事故：列车脱轨、列车倾覆、列车追尾、列车冲突、列车分离、列车挤岔、轮对卡死、车门未关闭动车、弓网故障、接触网失电、接触网断线、错开车门、列车冒进信号、错办列车进路、夹人夹物、列车旅客伤亡、道床伤亡。

② 非行车事故：乘客电扶梯受伤、乘客楼梯或地面跌倒、车站照明失电、车站大客流拥挤致人员伤亡。

③ 火灾：列车火灾、区间火灾、车站火灾、变电所火灾、检修基地火灾、控制中心火灾。

④ 职业伤害：工作中发生碰撞或撞击、自高处坠落或陷入坑洞缝隙、触电、跌倒/滑倒、发生车辆伤害、夹伤、砸伤和冻伤，工作环境存在过量辐射、温度过高或过低、噪声超限和影响健康的情形。

⑤ 恐怖事件：劫持、爆炸、纵火、毒气。

⑥ 治安事件：蓄意破坏设施设备、打架斗殴、盗窃抢劫。

⑦ 其他影响运营服务质量的事件：列车因故暂停隧道区间、隧道新风量不够、车站乘客无法正常进出站或数据不上传、AFC 系统全线设备不能正常使用、电梯关人、电梯不平层、乘客因客室通风或制冷效果不良投诉、车站卷帘门打不开。

3. 划分危险源识别对象

（1）对车辆设备大修的活动，可按照其工艺流程分析法划分识别对象。

（2）对设备维护及保养的活动，可按照设备分析法依据划分的设备作为危险源识别对象，并结合活动实施过程划分。

（3）使用设备时可根据具体操作过程。

（4）根据采购、存放、检测设备的过程。

（5）根据行车组织、客运组织过程。

（6）针对每一危险源辨识对象，参考危险源事故类型表，识别可能存在的事故/事件，并登记在表 2-4 所示的危险源辨识及风险评价登记表中“危害事件”栏以及“事故类型”栏内。

表 2-4　危险源识别与风险评价登记表

序号	部门/地点	活动	设备/设施/物料	危害事故/事件	事故类型	危险源	危险源类别	风险评价			风险级别	控制措施	备注
								风险发生的可能性	事故后果严重程度	风险值			

（四）城市轨道交通系统主要危险因素及分级

1. 城市轨道交通系统的三种运营模式（见图 2-1）

（1）正常运行状态：白天和夜间的运行状态与运行图基本相符。

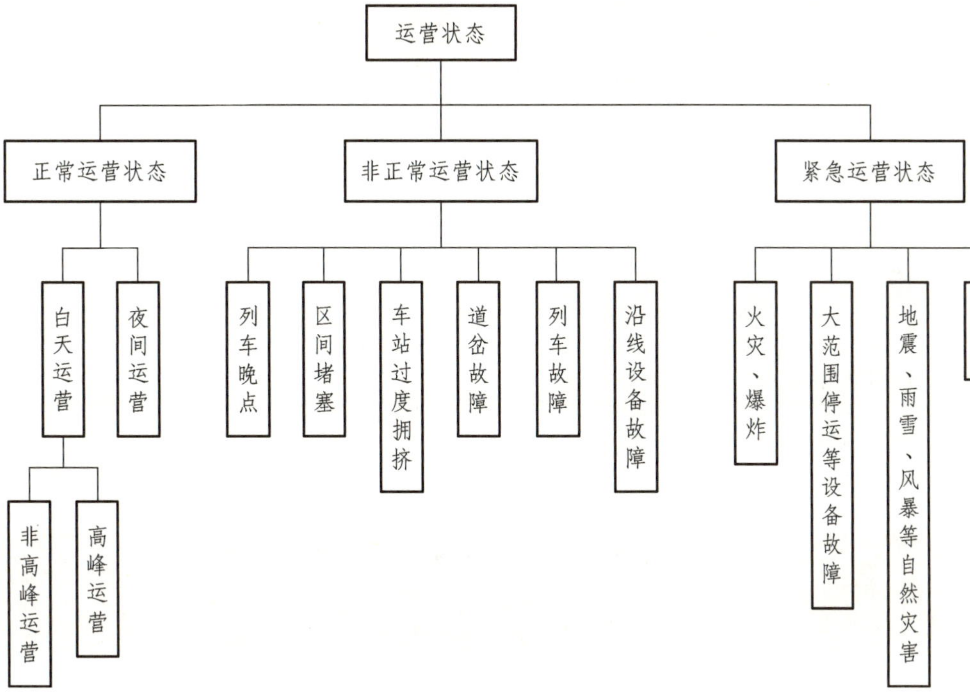

图 2-1 城市轨道交通系统的三种运营模式

（2）非正常运行状态：因各种原因造成列车晚点、区间堵塞、乘客过度拥挤、道岔故障、列车故障、沿线设备故障影响正常运营秩序。

（3）紧急运营状态：发生火灾、爆炸、水灾、地震、风雪、风暴等灾害以及设备故障导致大范围停运，致使部分区间或全线无法运行。

2．城市轨道交通运营系统主要危险因素分析

（1）火灾危险因素分析。

（2）列车脱轨危险因素分析。

（3）地铁拥挤踩踏危险因素分析。

（4）列车撞车危险因素分析。

（5）地铁中毒和窒息危险因素分析。

（6）其他危险因素分析。

3．城市轨道交通系统事故影响危险度分析

（1）危险因素等级划分——危险度。

危险度=严重度×概率。严重度和危害概率分级取值标准见表 2-5。

表 2-5 严重度和危害概率分级取值标准

严重度分级取值标准			危害概率分级取值标准		
严重度	表现特征	取值	危害概率	表现特征	取值
灾难性的	具有紧急危险能引起大范围的死亡及伤病的危害能力	9～10	可能发生	有可能立刻发生或短期内会发生	9～10
严重的	危害能引起严重的疾病、伤亡及设备、财产损失	6～8	有理由发生	一段时间内会发生	6～8
临界的	危害能引起疾病、伤害及设备、财产损失，但不严重	3～5	可能性小	一段时间内可能发生	3～5
可忽略的	危害不会引起严重的疾病、伤害，伤害可能极小，伤害程度不需要急救	1～2	可能性极小	不太可能发生	1～2

危险因素等级见表 2-6。

表 2-6 危险因素等级综合表

事故种类	事故严重度赋值（S）					危害频率赋值（P）			危险因素等级		
	死亡人数	伤亡人数	设备损失	严重度分级	取值	发生次数	表现特征	取值	$R=SP$	等级序号	备注
火灾事故	809	575	68 辆	灾难性	10	20	T1	8	80	1	T1：一段时间内会发生；T2：一段时间内可能会发生；T3：一段时间内可能不会发生。
纵火恐怖袭击	328	818	11 辆	灾难性	10	23	T2	7	70	2	
列车脱轨	9	272		严重的	8	7	T1	8	64	3	
中毒窒息	12	5 000		灾难性	10	1	T3	5	50	4	
拥挤踩踏	55			严重的	8	2	T3	6	48	5	
列车撞车	10	232		严重的	6	4	T3	5	30	6	
其他事故	只是中断运营，无伤亡				2	6	可能发生	9	18	7	

（2）城市轨道交通系统预先危险性分析。

根据上述城市轨道交通事故危险度分析结果，可以对城市轨道交通系统存在的主要危险因素进行预先危险性分析。

通过预先危险性分析，可以知道城市轨道交通系统火灾、爆炸、列车脱轨、拥挤踩踏等危险因素都有可能导致灾难性或严重事故。

（五）LEC 评价法

1. 概述

LEC 评价法是对具有潜在危险性作业环境中的危险源进行半定量的安全评价的方法。

$$D=LEC$$

式中：D——风险分值；

L——发生事故的可能性大小；

E——人体暴露在这种危险环境中的频繁程度；

C——一旦发生事故会造成是损失后果。

D 值越大，说明该系统危险性越大。

2. 量化分值标准（见表 2-7）

表 2-7　风险量化综合表

事故发生的可能性（L）		暴露于危险环境的频繁程度（E）		发生事故产生的后果（C）		风险域值对应表	
分数值	事故发生可能性	分数值	危险环境频繁程度	分数值	发生事故产生的后果	D 值	危险程度
10	完全可以预料	10	连续暴露	100	10 人以上死亡	>320	极其危险停止作业
6	相当可能	6	每天工作时暴露	40	3～9 人死亡	160～320	高度危险立即整改
3	可能但不经常	3	每周一次偶然暴露	15	1～2 人死亡	70～160	显著危险需要整改
1	可能性小完全意外	2	每月一次暴露	7	严重	20～70	一般危险需要注意
0.5	很不可能可以设想	1	每年几次暴露	3	重大、伤残	<20	稍有危险可以接受
0.2	极不可能	0.5	非常罕见暴露	1	引人注意		
0.1	实际不可能						

3. 风险分析

总分＜20：被认为低危险；

总分 20～70：被认为比日常生活中骑自行车上班还安全；

总分 70～160：有显著危险性需要及时整改；

总分 160～320：必须立即采取措施进行整改高度危险环境；

总分＞320：环境非常危险应立即停止生产直到环境得到改善为止。

LEC 风险评价法对危险程度的划分，一定程度上凭经验判断，应用时要考虑其局限性，根据实际情况予以修正。

（六）城市轨道交通运营安全控制

1. 城市轨道交通运营安全预先控制

（1）安全运营风险评估与预警。

① 安全运营风险评估。

② 预警工作。

（2）规范新线接管程序，把握关键点。

① 规范新线接管程序。

② 强化新线接管关键节点的施工安全。

2. 城市轨道交通运营安全过程控制

（1）行车安全控制。

① 确保运营安全规章的有效性、适应性、覆盖性。

② 确保行车岗位人员操作的标准化、规范化。

（2）设施、设备保障。

① 完善设备科学化管理、信息化管理机制。

② 完善设施、设备规程。

（3）完善监控手段，提高应急处置能力。

① 加强运营时段安全管理。

② 加强信息管理提高突发信息传递速度。

③ 坚持和完善运营交接班会议制度。

④ 坚持和完善月度运营例会制度。

（4）开展安全培训和演练。

① 制定教育制度。

② 制定演练计划。

③ 进行广泛的安全宣传。

（5）安全检查。

3. 城市轨道交通运营安全事后控制

（1）完善抢险救援机制。

（2）建立事故处理的规范程序。

（3）安全整改。

（4）完善考核和责任追究制度。

① 以员工手册作为员工考核依据。

② 领导干部安全责任追究制度。

③ 运营主业单位安全责任风险抵押金制度。

二、行车调度安全管理

1. 行车调度工作的基本任务及作用

（1）组织指挥各部门、各工种严格按照列车运行图工作。

（2）监视列车到达、出发及途中运行情况，确保列车运行正常秩序。

（3）当列车运行秩序不正常时，能够及时采取措施，尽快恢复正常运行秩序。

（4）及时、准确地处理行车异常情况，防止行车事故的发生。

（5）随时掌握客流情况，及时调整列车运行方案。

（6）检查监督各行车部门执行运行图情况，发布调度命令。调度命令登记簿和调度电话如图 2-2 和图 2-3 所示。

<table>
<tr><td colspan="4">调度命令
______年____月____日____时____分</td></tr>
<tr><td rowspan="2">受令处所</td><td rowspan="2"></td><td>命令号码</td><td>行调姓名</td></tr>
<tr><td></td><td></td></tr>
<tr><td>命令内容</td><td colspan="3"></td></tr>
<tr><td colspan="2">注：规格 110 mm×150 mm</td><td colspan="2">行车专用章______行车值班员______</td></tr>
</table>

图 2-2　调度命令登记簿

图 2-3　调度电话

（7）当区间或车站发生行车事故时主管部门汇报，并采取措施防止事故扩大，积极参与组织救援工作。

2．行车调度安全指挥工作的基本要求

（1）单一指挥原则。

（2）行车调度员具有较高的业务水平和紧急处理能力。

（3）调度命令要准确、完整、清晰。

3．行车安全重要性

加强地铁的安全管理，做好地铁的安全工作关系到人民生命财产的安全，关系到国家经济发展和社会稳定。在整个城市轨道交通运营安全过程中，行车安全占据着首要地位。行车安全一般是指城市轨道交通运营过程中行车员工、乘客、设备和环境未发生任何损失或发生的损失在人们可接受的范围之内。

行车安全包括：列车运营安全、车站作业安全、调车作业安全、行车调度安全。

三、列车运行安全

1．列车运行安全的影响因素

列车运行安全的影响因素有：人员影响因素、设备影响因素、环境影响因素、管理方法影响因素等。

2．列车驾驶员的安全准则

（1）只有合格的驾驶员才能驾驶。

（2）为安全起见，务必遵守现行的安全准则，包括特别指示、禁例、警告、规则和信号。

（3）驾驶前熟悉所有操作元件的功能。

（4）当车库供电时，禁止站在车顶。

（5）确保进行车间气/电源连接操作时没有供电和气。

（6）列车启动前必须确保断开了与车间的电/气连接。

（7）车间电源插座无电时才能进行插拔。

（8）禁止司机打开高压箱和接触高压部件。

（9）启动3节编组时，确保在半自动车钩处的贯通道完全分离。

（10）在开车之前，司机必须检查列车是否处于安全状态。

（11）安全门通道在任何时间都保持畅通。

（12）连挂和解钩时，严禁有人站在两车中间。

（13）必须了解消防设备的位置和使用方法。知道在紧急状态下的逃生方法。

（14）正线运营前，检查安全设备。比如：灭火器和紧急门闩处于良好状态。

（15）司机在离开司机室前必须停车。

（16）确保没有危及自身和他人的生命安全的操作。

（17）保证您工作地点的整洁卫生。

（18）任何可能导致翻车和脱轨的危险因素（脱轨器，喷油）必须立即被排除。

3．列车正线运营安全规章

（1）轨道区域的作业仅在需要的情况下才允许进行。

（2）个人在正线轨道上作业时，必须随时保持警惕，避免危险的发生。

（3）不要在正线轨道上站立或行走。这是非常危险的。因为有些轨道是可以移动的，比如折返线道岔区。

（4）不要站在列车前面，后面或列车下面，列车会随时移动防止发生意外。

（5）在列车上除了允许站立的地方，不要随意站在别的地方。

（6）小心不要被邻近轨道上行驶的车辆撞伤。

（7）当需要在轨道上作业时，面对来车方向行走。

（8）不要影响信号显示特别是信号灯的显示。

（9）司机必须对警告信号迅速做出反应。

四、调车作业安全

1．调车作业安全的重要性

由于调车工作频繁、技术性强、作业复杂，稍有不慎就会发生冲突、脱轨、挤道岔以至人身伤亡事故。从地铁以前发生的事故来看，很多事故是发生在调车工作中。

提高调车组织工作水平，严格遵守规章制度，提高调车人员的技术水平，采用先进的调车工具和设备，提高调车效率，才能保证调车安全，才能为线路的行车安全提供保障。

2．调车作业安全的要求

（1）坚持“统一领导，单一指挥”的原则：统一制定车辆段内调车作业计划；统一安排站内调车；调车指挥人单一指挥。

（2）编制合理、安全的调车作业计划：分门别类编制调车作业计划；有序地变更调车计划。

3．细致的调车作业前准备

（1）核对调车计划，使调车人员协同一致，做到准确无误。

（2）对电客车和内燃机车进行技术检查，确保车辆性能良好。

（3）对其他调车设备和备品进行检查，保证调车作业安全顺利进行。

（4）确认进路，检查线路、道岔、停留车位置，确认线路是否空闲。

4. 严格按照显示信号调车

（1）严格控制调车速度。

（2）其他调车安全要求：

① 禁止使用溜放调车。

② 在车站（车辆段）内采用手推调车时，必须在手制动机作用良好，能确保证随时停车的条件下方准进行。

③ 禁止两组车组或列车同时在同一条股道上相对移动。

④ 在调车作业中应该按作业计划办理调车进路，进路办好后，原则上不得取消进路。

五、行车调度安全

1. 行车调度工作的任务

（1）严格按列车运行图组织行车，遇列车偏离运行图时，应积极采取措施，恢复正点。

（2）随时掌握客流变化，及时调整列车运行。

（3）及时、正确地处理临时发生的问题。

（4）检查各站执行列车运行图的情况，及时发布有关调度命令和口头指示。

（5）合理组织各种施工作业。

（6）正确填写各种报表。

2. 行车调度员的岗位职责

（1）负责组织列车运行图的实施，遇列车偏离运行图时，及时调整列车运行，尽快恢复正点。

（2）及时发布有关行车命令及各种控制命令。

（3）监视列车在站到发、区间运行情况及设备运转状态。

（4）及时、妥善地处置运营线路上发生的突发事件。

（5）随时掌握客流变化，及时调整列车运行间隔。

（6）及时向有关部门反馈信息。

（7）做好与其他运营线间的工作联系。

（8）负责安排施工列车的开行及施工命令的下达工作。

（9）正确填写各种报表。

3. 行车调度安全工作的要求

（1）严格执行各岗位职责，严禁串岗。

（2）遵守“安全第一、预防为主、以人为本”的原则。
（3）加强人员技术业务水平。
（4）科学发布调度命令。

任务检查

任务检查单见表 2-8。

表 2-8　城市轨道交通运营安全管理——任务检查单

任务编号	2-1	任务名称	城市轨道交通运营安全管理
序号	检查内容	是	否
	城市轨道交通危险源的辨识		
1	危险源是指可能造成人员伤害、职业病、财产损失、作业环境破坏或这些情况组合的根源或状态		
2	识别危险源的步骤		
3	城市轨道交通危险源的识别		
4	城市轨道交通事故危险度分析		
5	城市轨道交通运营安全控制		
	城市轨道运营安全管理		
6	行车调度工作的基本任务及作用		
7	行车调度安全指挥工作的基本要求：单一指挥原则；行车调度员具有较高的业务水平和紧急处理能力；调度命令要准确、完整、清晰		
8	列车运行安全的影响因素：人员影响因素、设备影响因素、环境影响因素、管理方法影响因素等		
9	调车作业安全的要求：坚持“统一领导，单一指挥”的原则；统一制定车辆段内调车作业计划；统一安排站内调车；调车指挥人单一指挥；编制合理、安全的调车作业计划；分门别类编制调车作业计划；有序地变更调车计划		
10	行车调度安全工作的要求：严格执行各岗位职责，严禁串岗；遵守“安全第一、预防为主、以人为本”的原则；加强人员技术业务水平；科学发布调度命令		

任务训练

（1）什么是危险源？举例说明。

（2）简述危险源识别的方法步骤？

（3）简述安全分析的基本步骤，列出 5 种安全分析的方法。

（4）简述行车调度工作的基本任务及作用。

（5）行车调度在安全工作中的作用是什么？

（6）简述调车作业安全的重要性。

任务拓展

调度命令的分类

调度命令是行车调度员在调度指挥工作中对行车有关人员发出的要求其配合完成某些行为的指令。调度命令有口头命令和书面命令两种。口头命令和书面命令都是正式调度命令，都需下达发令时间、命令号码，须在调度命令登记簿上登记。但口头命令为向单位受令对象（列车司机）直接发布的短期性指令，书面命令一般有 2 个以上的受令对象，较长时间影响行车。

在调度命令之外，调度员还有一种发布指令的口头通知。口头通知和调度命令具有同等作用，有关人员必须坚决执行。只是口头通知无须调度命令号码，无须在调度命令登记簿登记。下面从两个案例来感受口头通知和口头命令的差别。

口头命令案例：

行调：“命令号码 321，01103 次华强北站广播清客。”

驾驶员：“01103 次华强北站广播清客，01103 次司机明白。”

口头通知案例：

行调：“01103 次六约站停站超时，晚点 1 分 20 秒，注意运行。”

驾驶员：“01103 次注意运行，司机明白的。”

城市轨道交通事故的分类及构成条件

从国家生产安全事故分类的大角度看，根据中华人民共和国国务院第 493 号令

《生产安全事故报告和调查处理条例》，结合中华人民共和国国务院第 501 号令《铁路交通事故应急救援和调查处理条例》和各地方对城市轨道交通突发事件的分类，按照事故（事件）损失及对运营生产造成的影响和危害程度，城市轨道交通事故可分为：特别重大事故、重大事故、较大事故、一般事故险性事故、一般事件和事件苗头等七大类。

（1）特别重大事故构成条件。

在运营生产中，造成下列后果之一的为特别重大事故：

① 死亡 30 人（含失踪）以上的。

② 重伤 100 人以上（包括急性工业中毒，下同）的。

③ 直接经济损失 1 亿元（人民币，下同）以上的。

④ 一条或多条线路全线停运 48 h 以上。

（2）重大事故构成条件。

在运营生产中在运营生产中，道成下到后果之一的为重大事故：

① 死亡 10 人以上 30 人以下的。

② 重伤 50 天以上 100 人以下的。

③ 直接经济损失 5 000 万元以上 1 亿元以下的。

④ 一条或多条线路全线停运 24 h 以上 48 h 以下。

（3）较大事故构成条件。

在运营生产中，造成下列后果之一的为较大事故：

① 死亡 3 人以上 10 人以下的。

② 重伤 10 人以上 50 人以下的。

③ 直接经济损失 1 000 万元以上 5 000 万元以下。

④ 一条或多条线路全线停运 12 h 以上 24 h 以下。

（4）一般事故构成条件。

在运营生产中，造成下列后果之一的为一般事故：

① 死亡 1 人以上 3 人以下的。

② 重伤 3 人以上 10 人以下的。

③ 直接经济损在失 100 万元以上 1 000 万元以下的。

④ 一条或多条线路全线停运 6 h 以上 12 h 以下。

（5）险性事故构成条件。

在运营生产中，凡事故性质严重，但未造成损害后果或损害后果不够一般事故及其以上事故且符合下列条件之一时为险性事故：

① 运营线列车冲突。

② 运营线列车脱轨。

③ 运营线列车分离。

④ 列车冒进禁行信号。

⑤ 未经允许列车载客进入非运营线。

⑥ 列车反方向运行未经引导自行进站。

⑦ 列车擅自退行。

⑧ 列车、车辆溜走。

⑨ 列车运行中擅自切除车载安全防护装置。

⑩ 列车错开车门。

⑪ 列车未关闭车门行车。

⑫ 列车运行中开启车门。

⑬ 列车夹人行车。

⑭ 区列车运行中，齿轮箱吊挂装置，关节轴承销轴、空压机，牵引电机等车辆重受部件脱梯。

⑮ 电话闭塞出站，信号故障时无凭证发车。

⑯ 擅自向未具备封锁条件的区间接发列车或擅自向封锁区间接发列车。

⑰ 未办或错办闭塞接发列车。

⑱ 行车或电力指挥通信联络系统中断。

⑲ 信号升级显示。

⑳ 供电系统操作中发生错送电、漏停电。

㉑ 运营中车站照明全部熄灭。

㉒ 给水干管位移侵限、爆裂跑水。

㉓ 排水不畅，积水漫过道床。

㉔ 地铁排雨泵站设备故障，雨水不能排出中断列车运行。

㉕ 运营中走行轨由轨头到轨底贯通断裂。

㉖ 运营线路几何尺寸超限。

㉗ 轨道线路发生胀轧跑道影响运营。

㉘ 擅自触动、移动站台电视监视车门设备，影响正常使用。

㉙ 未按规定撤除接地保护装置。

㉚ 漏检、漏修或维修不到位发生重大安全隐患，危及运营安全。

㉛ 其他（性质严重的运行故障、安全隐患，经公司运营安全委员会认定，列入本项）。

（6）一般事件构成条件。

在运营工作中，造成下列后果之一，但损害后果不够险性事故及其以上事故条件时为一般事件：

① 非运营线列车冲突。
② 非运营线列车脱轨。
③ 非运营线列车分离。
④ 调车冒进信号。
⑤ 应停列车全列越过显示绿色灯光的出站信号机。
⑥ 应停列车越站通过。
⑦ 列车擅自在不具备条件的车站停车开启客室车门。
⑧ 地铁列车轨道个作业时工作人员漏乘。
⑨ 列车车辆未撤除防溜铁鞋或止轮器开车。
⑩ 列车客室内或车站的设施、设备、器材松动脱落等异常情况，造成乘客受伤。
⑪ 运营线列车车辆空气系统（空压机、风缸）安全装置失去作用，造成破损爆裂。
⑫ 车辆或车辆载物超出车辆轮廓限界。
⑬ 中断运营正线行车满 20 min。
⑭ 直接经济损失在 1 万元及以上。
⑮ 出站信号在中心和车站同时失控或紧急关闭信号失控。
⑯ 运营车站正常照明全部熄灭或侧式站台一侧正常照明全部熄灭。
⑰ 各类设施、设备、器材、物资等侵入车辆接近限界。
⑱ 线路检查维修不当，造成列车临时限速运行。
⑲ 无特殊工种操作证操作特种设备、车辆。
⑳ 漏报误报重大安全隐患，危及运营安全。
㉑ 其他（经公司运营安全委员会认定的安全隐患及问题，列入本项）。

任务二　城市轨道交通车站安全管理

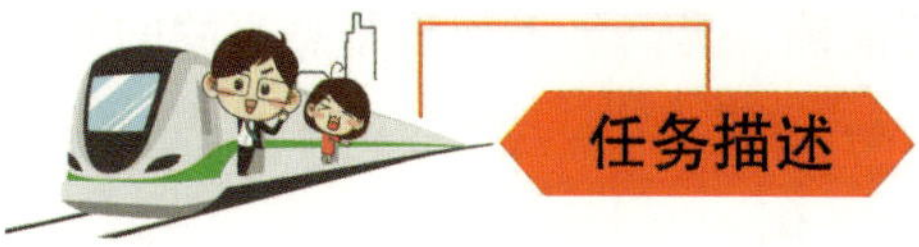

随着城市轨道交通的不断更新发展，其越来越多的问题凸显，其中重中之重就是车站的安全管理。轨道交通车站所涉及到许多设备面临着人流大的压力，所以，其安全管理也更加重要和复杂。为了应对轨道交通车站复杂多变的环境因素，必须加强车站安全管理。

任务目标

- 掌握车站安全工作的基本任务。
- 掌握车站行车安全工作的基本要求。
- 熟悉车站行车安全工作的管理方法。
- 熟悉各种电气事故的原因及提出改进的措施。
- 可安全使用部分特种设备。

任务学习

一、车站行车作业安全

（一）车站安全工作的基本任务

（1）建立健全各类行车作业、运营管理的规章制度。

（2）提供安全的客运服务，保证车站、车厢整洁，出入口、通道畅通，保持安全、消防、疏散导向等标志醒目。

（3）设置安全设施、设备：在城市轨道交通车站内，设置报警、灭火、逃生、防汛、防爆、防护监视、紧急疏散照明、救援等器材和设备，定期检查、维护，按期更新，并保持完好。

（4）进行各项车站安全检查，尽可能消除车站隐患或降低隐患对安全行车的影响。

（5）利用多种渠道开展乘客安全乘车的宣传教育工作。

（6）对进入车站作业人员的安全管理。

（7）建立各项应急预案，开展事故救援演练，提高员工处理紧急事故的能力。

（8）其他车站安全管理工作。

（二）车站常见安全隐患区域

（1）“出入口和地面站”区域。

（2）“站厅”区域。

（3）“车站设备区”区域。

（4）“站台”区域。

（5）“轨道”区域。

（三）车站行车安全工作的管理方法

（1）列车运行安全管理。
（2）施工作业安全管理。
（3）客流控制安全管理。

（四）设备安全管理

1. 城市轨道交通系统的机电设备

（1）供电系统。

城市轨道交通供电系统是为城市轨道交通运营提供所需电能的系统，不仅为城市轨道交通电动列车提供牵引用电，而且还为城市轨道交通运营服务的其他设施如照明、通风、空调、给排水、通信、信号、防灾报警、自动扶梯等提供电能。城市轨道交通供电网络如图 2-4 所示。

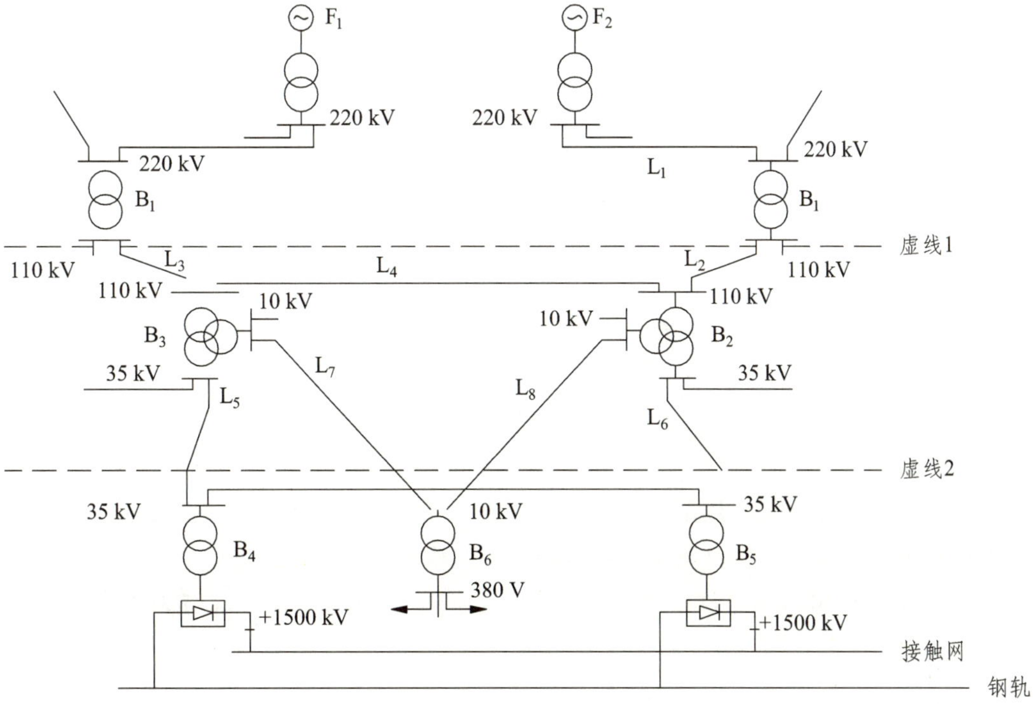

图 2-4 城市轨道交通供电网络

F_1、F_2—城市电网发电厂；L_1 ~ L_9—传输线；B_1 ~ B_3—城市电网区域变电所；
B_4、B_5—地铁牵引变电所；B_6—地铁降压变电所

① 运行管理方针：三定，定设备、定人、定检修周期和范围；四化，作业标准化、质量标准化、检修机具、检修手段现代化；记名检修，记录检修者和验收者的姓名，

要求检修者根据设备的技术状态提出检修依据，采取针对性措施，按工艺检修，并做到修前有计划，修中有措施，修后有结语。

② 运行管理的任务与内容。为了保证供电设备的安全运行，持续地为用户提供合格的电能而采取的技术措施和组织措施。包括正常运行工作、异常情况处理、设备检修、运行、技术资料管理和人员培训 6 个方面。

③ 电气化线路电气安全要求：

a. 接触网的各导线（如接触线、承力索、馈线、吊弦等）及其相连部件（如腕臂、定位器、定位管、拉杆、避雷器等）都带有高压电，禁止直接或间接地（指通过任何物件，如棒条、导线、水流等）与上述设备接触。

b. 当接触网的绝缘不良时，在其支柱、支撑结构及其金属结构上，在回流电缆气钢轨的连接点上，都可能出现高电压，因此，平常应避免与上述部件接触；当接触网绝缘损坏时，禁止与之接触。

c. 为保证人身安全，任何人员及其携带的物体（经检测合格的绝缘工具除外）应与带电接触网、受流器保持足够的安全距离。1 500 VDC 接触网的安全距离为 700 mm。

d. 进行在接触网上或与接触网距离小于其安全距离的作业前，接触网必须停电，并做好安全措施后方可工作。一般来说，其安全措施是停电、验电、挂接地线和悬挂标志牌。

e. 接触网断线及其部件损坏或接触网上挂有异物时，不得与之接触，并对该处加以防护，任何人员均应与断线落下点保持 8 m 以上距离，以防跨步电压触电。

f. 当区段内接触网停电接地时，不得向该区段接发电客车；当司机发现接触网异常或出现故障时，要立即停车并降下受电弓。

g. 在接触网没有停电并接地的情况下，禁止到电客车、内燃机车及工程车车顶上进行任何作业。检修库内，在接触网停电并接地以前，禁止登上车顶平台。

h. 凡可能进入接触轨区域的地方必须张贴“当心触电”警告标志。

i. 所有进入接触轨区域的人员必须穿绝缘鞋（或绝缘靴）和有高可见度的反光背心。

j. 除接触网专业人员按规定检修接触轨设备外，其他任何人员，即使在接触轨已经停电挂地线的情况下，也不得擅自接触、碰摸接触轨及其附件。

k. 安装有接触轨的轨行区需疏散乘客时，原则上接触轨应停电，做好安全防护后再组织疏散。

l. 倒闸操作、验电、挂拆接地线、处理接触网（轨）上异物时，操作人员必须戴高压绝缘手套。

m. 带电更换低压熔断器时，操作人员要戴防护眼镜，站在绝缘垫上，并要使用绝缘柄钳或戴绝缘手套。

（2）低压配电及照明系统。

车站照明系统采用 380 V 三相五线制、220 V 单相三线制方式供电。系统范围为车站降压后的照明设备、设施及线路，包括站台、站厅公共区的一般照明、节电照明（包括站名牌标示照明）、事故照明（包括疏散诱导指示照明）、广告照明和设备及管理用房的一般照明、事故照明；出入口的疏散诱导指示照明、一般照明与事故照明；电缆廊道的一般照明及区间隧道的一般照明、事故照明。

为确保低压配电及照明系统的正常运行，需对其进行巡视。

① 巡视目的。巡视就是要及时发现系统设备异常现象，并在安全、不影响正常运营情况下及时进行维修，以确保系统正常运行。

② 巡视方式。巡视以“望、闻、问、切、嗅”为主要手段，必要时使用仪器进行检查。

第一“望”：以眼观察各类照明灯具工作是否正常、指示灯指示是否正常、电流表和电压指示是否正常、转换开关及空气开关位置是否正确、接触器和继电器及开关触点是否有电弧痕、水位及水位指示是否正常等。

第二“闻”：以耳聆听接触器和继电器线圈及灯具镇流器交流声是否正常、接触器和继电器吸合声是否弓常、各类电机及机械工作声音是否正常等。

第三“问”：询问车站值班人员及其他工作人员是否存在设备故障现象等。

第四“切”：以手转动各开关和按动各按钮检查其功能是否正常、触摸蓄电池侧表面检查其温升是否正常、触摸各开关及电缆和电线绝缘表面检查其温升是否正常、触摸各电机外表面检查其温升是否正常等。

第五“嗅”：以鼻嗅吸检查是否有电气烧焦臭味、机械摩擦产生异味等。

③ 注意事项。第一，为确保维修人员安全，每组巡视人员应不少于 2 人。第二，为确保运营安全，巡视中如需改变有关设备工作状态时，巡视人应报知相关部门及相关人员。第三，巡视人员应按要求填写相应巡视记录。

（3）通信系统。

城市轨道交通通信系统是指挥列车运行、公务联络和传递各种信息的重要手段，是保证列车安全、快速、高效运行不可缺少的综合通信。主要包括传输系统、公务电话系统、专用电话系统、无线集群通信系统、闭路电视监控系统（CCTV）、有线广播系统（PA）、时钟系统、电源及接地系统、乘客导乘信息系统（PIS）、办公自动化（OA）系统等子系统。

（4）信号系统。

信号系统即列车控制系统，它采用技术手段对列车运行方向、运行间隔和运行速度进行控制，从而保证行车安全，提高运输效率。

（5）通风、空调和采暖系统。

（6）给排水系统和消防系统。

城市轨道交通的车站和车辆给排水系统由给水系统和排水系统两部分组成。给水系统包括生活给水系统、生产给水系统和消防给水系统，其功能是满足生产、生活和消防用水对水量、水质和水压的要求。排水系统则包括污水系统、废水系统和雨水系统，其功能是保证车站和车辆段排水畅通，为轨道交通安全运营提供服务。给排水系统运行管理的任务就是通过对车站和车辆段给水排水系统设备的操作、维护、保养和维修，使之能持续、高效地运行。

消防系统的故障按其性质可分为严重故障和一般故障两大类。对于前者，应立即进行紧急抢修，“先通后复”。

以最快的速度设法先行供电，疏通线路，必要时采取迂回供电、越区供电和降弓通过等措施，尽量缩短停电、中断行车时间，随后要尽快安排时间处理遗留工作，使接触网及早恢复正常技术状态。

（7）火灾自动报警系统。

（8）环境与设备监控系统。

城市轨道交通地下环境因封闭、湿度大、发热源多（如人体散热、车站设备散热、列车散热、外界空气带人热等），故空气质量与地面其他场所相差较大。在这里降温、除湿和排热是主要的空气处理手段，同时对新风、回风中的粉尘、有害物质及人员呼出的二氧化碳进行过滤和处理，借此为乘客和工作人员创造一个舒适的环境。

正常条件下环控设备可通过就地级、车站级、中央级进行控制和自动控制系统进行监控，实现设备集中监控和科学管理，提高综合自动化精度，通过运行不同环控模式，满足不同场合对设备的运行要求，做到安全、合理、先进。

① 环控系统是在车站站厅、站台、隧道、设备及管理用房等处所的环境进行空气处理的系统。其功能主要是调节指定区域内的空气温度、湿度，并控制二氧化碳、粉尘等有害物质的浓度，以满足人体健康及相关设备正常运行的要求。

② 环控系统运行管理任务：环控设备维修人员必须认真执行“三不动”“三不离”“四不放过”等基本安全生产制度。

三不动：未联系登记好不动；对设备性能、状态不清楚不动；正在使用中的设备不动。

三不离：维修完不复查实验好不离开；发现故障不排除不离开；发现异状、异味、异声不查明原因不离开。

四不放过：事故原因没有分析清楚不放过；事故责任人没有受到处罚不放过；相关人员有受到教育不放过；预防事故措施没有落实不放过。

③ 环控系统运行管理任务。

a. 在安排维修作业时，应有安全防范措施，并严格遵守有关技术作业安全规定。

b. 各种特殊工种必须持证上岗，并进行必要的岗前培训，上岗证应按规定进行年审。

c. 各层级都应设专职或兼职安全员，负责安全工作及监控，形成安全管理网络。

④ 环控系统故障处理原则。

a. 对发生故障的设备进行及时判断分析，及时排除故障，先行运行。

b. 对重要故障的设备进行测试、诊断，进而修复或暂时修复。

c. 详细记录故障现象及修复过程，以备在其他修程开展时做出进一步的处理与修复。

d. 保证故障设备能恢复使用功能，如无法达到，至少确保设备恢复运营所必须具备。

e. 及时向有关人员通报对故障的测试、诊断及处理过程。

⑤ 机电设备监控系统故障按其性质，可分为严重故障、一般故障和次要故障三类。若机电设备监控系统出现严重故障，应进行及时紧急抢修，同时通知环控调度及相关车站采取临时应急措施，使系统降级运行。其他故障可根据城市轨道交通运营需要进行处理，若故障难以短时间内处理完毕，则可通知环控调度下令设备转入环控位或现场位操作。

（9）自动售检票系统。

（10）自动扶梯、电梯与人行楼梯。

站台至站厅间根据车站远期客流量设置上、下行自动扶梯（见图 2-5）以保证人流的疏散和服务质量；车站内设置残疾人液压梯、楼梯升降机（见图 2-6）以满足残疾人等特殊人群的需要；同时，站内也设有人行楼梯（见图 2-7）。

运行管理任务：保证设备处于正常运行状态，实现系统的设计功能。同时为车站迅速输送乘客、维持良好秩序提供有力保证。其内容主要有：应急处理、故障报告、设备监管、运行操作。

图 2-5 自动扶梯

图 2-6　电梯

图 2-7　地铁人行楼梯

（11）屏蔽门系统与防盗门系统。

列车进站时配合列车车门动作打开或关闭屏蔽门，为乘客提供上下列车的通道。屏蔽门系统的使用，隔断了站台侧公共区空间与轨道侧空间，避免了人员跌落轨道的安全隐患以及驾驶员驾车进站时的心理恐慌问题；隔离了列车运行时所产生的噪声、活塞风，保证了站内乘客良好的候车环境，并避免了活塞风所造成的站内空调冷量的损失，节省了运营成本，同时还可减少设备容量及数量、减少土建工程量等投资建设成本，产生了良好的社会、经济效益。

（五）通用机械安全基本知识

1. 机械安全防护装置的一般要求

机械安全防护装置要结构简单、布局合理，不得有锐利的边缘和突缘；有足够的可靠性；设置自身出现故障的报警装置；紧急停车开关应保证瞬时动作时能终止设备的一切运动。

2. 对机械设备安全防护罩的技术要求

在防护罩没闭合前，活动部件就不能运转；防护罩与活动部件间有足够的间隙；应牢固地固定在设备或基础上；在正常操作或维护保养时不需拆卸防护罩等。

3. 对机械设备安全防护网的技术要求

防护罩应尽量采用封闭结构；当现场需要采用网状结构时，应满足对不同网眼开口尺寸的安全距离。

4. 机电设备使用安全

（1）加强对设备的巡视来确保设备的安全运行。

（2）加强设备使用安全的教育。

（3）完善设备应急救援预案。

（4）加大应急救援演练。

（5）完善维修、保养规程。

5. 保证用电安全的基础要素

电气绝缘、安全距离、安全载流量、标志。

（六）特种设备和特种作业安全管理

1. 定义

特种设备是指涉及生命安全、危险性较大的、压力容器（含气瓶）、压力管道、电梯、起重机械、客运索道、大型游乐设施。其中锅炉、压力容器（含气瓶）、压力管道为承压类特种设备；电梯、起重机械、客运索道、大型游乐设施为机电类特种设备。

2. 特种设备安全管理

（1）制定并落实安全生产责任制。

（2）实行定期检验制度。

（3）坚持持证上岗制度。

（4）正确使用。

（5）精心维护与保养。

3．电梯

（1）开梯程序。

第一步：使用单位应配备持有效证件上岗的管理人员，并由该管理人员开梯、关梯并进行电梯运行过程中的管理。

第二步：开梯之前认真阅读上一班交班记录，打开厅门后，弄清电梯轿厢是在本层后方可踏进。

第三步：进轿厢后，认真检查各控制开关及照明通风是否正常。

第四步：用手试安全触板开关，光电开关功能是否灵敏可靠。

第五步：把各开关打成正常位置，选顶层、中间数层及首层来回走一趟，没有异常后方可投入正常运行。

（2）关梯程序。

第一步：关梯前乘电梯检查一趟，如有异常及时通知维修保养人员处理。

第二步：检查电梯无异常后，把电梯停在首层，便于次日开梯。

第三步：断开轿内所有接触开关及照明开关。

（3）电梯其他安全规章制度。

① 电梯投入运行前须进行试运行，以检查各部位是否工作正常。

② 搞好轿厢、厅门、轿门清洁卫生，清理门地坎滑槽内杂物，保障电梯门的正常开闭。

③ 严禁电梯超载运行，不允许轿厢开启安全窗。安全门运送超长物件、对重量判断不明或不符合安全条件的物品谢绝运送。禁止电梯当载货电梯使用。载运重量较大物品应注意在轿厢内均匀分布。

④ 不允许用急停开关、检修开关做正常运行中的消耗；不得在电梯运行中使用厅门钥匙开启厅门；严禁在厅门、轿门开启的情况下检修运行。

⑤ 当发生电梯运行故障如“关门不走车”“运行冲顶或蹲底”“安全钳误动作”“有异常噪音或较大震动冲击”时，请立即按动警铃按钮及时通知电梯的管理及维修人员处理。

⑥ 电梯的厅门钥匙、电源开关钥匙由该电梯的司机或电梯管理人员、维修人员专人管理。认真做好钥匙的交接登记。

⑦ 电梯的司机和维修人员、管理人员定期参加安全培训，掌握电梯的性能熟知安全操作规程，持证上岗，严禁无电梯操作证人员进入电梯井道内进行有关工作。

⑧ 有关安全责任，实行安全责任制。维修、保养部门的所有安全管理由维保部经理全面负责，由维保部经理定期进行安全教育工作。每天上岗工作之前由各组负责人负责进行安全教育工作及注意安全事项的交代工作，并做好每天的安全教育工作记录，每天安全教育工作后由维保工作人员本人签字。

4．特种作业人员的安全生产职责

（1）认真执行国家有关安全生产法律、法规和规章，严格遵守本单位的安全生产规章制度，保证安全作业。

（2）正确使用劳动防护用品和本工种作业的工具、设备，并认真进行维护保养。

（3）设备发生故障，影响安全生产时，应立即采取有效措施，并报告有关部门和负责人。

（4）努力学习、掌握本工种的安全技术知识和实际操作技能，不断提高自身的安全技术水平。

（5）有权拒绝管理人员违章指挥或者强令冒险作业，有权制止他人违章作业。

5．特种作业人员的特别安全管理

（1）特种作业人员在独立上岗作业前，必须进行与本工种相适应的、专门的安全技术培训。有下列情形之一者，由发证部门收缴其特种作业操作证：

① 未按规定接受复审或复审不合格者；

② 违章操作造成严重后果或违章操作记录达 3 次以上者；

③ 弄虚作假骗取特种作业操作证者；

④ 经确认健康状况已不适宜继续从事所规定的特种作业者。

（2）离开特种作业岗位 6 个月以上的特种作业人员，应当重新进行实际操作技能考核，经确认合格后方可上岗作业。

任务检查

任务检查单见表 2-9。

表 2-9 城市轨道交通车站安全管理——任务检查单

任务编号	2-2	任务名称	城市轨道交通车站安全管理
序号	检查内容	是	否
1	车站安全隐患区域：“出入口和地面站”区域；“站厅”区域；“车站设备区”区域；“站台”区域；“轨道”区域		
2	运行管理方针之三定，定设备、定人、定检修周期和范围		

续表

任务编号	2-2	任务名称	城市轨道交通车站安全管理
序号	检查内容	是	否
3	运行管理的任务与内容：包括正常运行工作、异常情况处理、设备检修、运行、技术资料管理和人员培训 6 个方面		
4	车站照明系统采用 380 V 三相五线制、220 V 单相三线制方式供电		
5	巡视就是要及时发现系统设备异常现象，并在安全、不影响正常运营情况下及时进行维修，以确保系统正常运行，巡视以“望、闻、问、切、嗅”为主要手段，必要时使用仪器进行检查		
6	环控系统人员之三不动：未联系登记好不动；对设备性能、状态不清楚不动；正在使用中的设备不动		
7	机电设备使用安全：① 加强对设备的巡视来确保设备的安全运行；② 加强设备使用安全的教育；③ 完善设备应急救援预案；④ 加大应急救援演练；⑤ 完善维修、保养规程		
8	有下列情形之一者，由发证部门收缴其《特种作业操作证》：① 未按规定接受复审或复审不合格者；② 违章操作造成严重后果或违章操作记录达 3 次以上者；③ 弄虚作假骗取《特种作业操作证》者；④ 经确认健康状况已不适宜继续从事所规定的特种作业者		
9	保证用电安全的基础要素：电气绝缘、安全距离、安全载流量、标志		
10	离开特种作业岗位 6 个月以上的特种作业人员，应当重新进行实际操作技能考核，经确认合格后方可上岗作业		

任务训练

（1）简述车站安全工作的基本任务。

（2）车站行车安全工作的基本要求是什么？

（3）简述车站行车安全工作的管理方法。

（4）简述各种电气事故的原因及提出改进的措施。

（5）如何安全使用部分特种设备？

任务拓展

屏蔽门故障应急处理的模拟演练

1．组织形式

每个学习小组按涉及的岗位设置站务员、电客车司机、行车值班员、值班站长、OCC、维修人员。按发生故障后的应急处理流程演练。

2．设备准备

运营实训室或屏蔽门实训设备，或多媒体教学软件及相关教具等。

3．演练准备

按学习小组分配预习任务，分别编制屏蔽门个别打不开、整侧打不开、整侧关不上等故障处理的详细演练过程记录。

4．学习方法

分工种按角色不同进行演练，教师指导组间互评。要求：信息汇报流程合理,演练步骤符合实际，各岗位处置得当、用语标准、操作设备规范。

5．提高

问题一：列车进出站过程中，突然收不到屏蔽门“关闭且锁紧信号，会出现什么情况？

问题二：发生屏蔽门的门玻璃破裂或破碎，处理的关键环节是什么？

问题三：发生车门/屏蔽门夹人、夹物后会有哪几种情况？应急处理的关键是什么？

问题四：（留给学生提出）。

项目三

城市轨道交通安全与应急管理

任务一　城市轨道交通消防安全管理的职责认知

任务描述

城市轨道交通消防安全管理是指地铁、轻轨等城市交通工具运营过程中的危险源控制，各级各类人员的消防安全责任和职责，灭火和应急疏散预案与措施，消防设施检查及维护管理，消防宣传教育，人员培训和消防档案管理等消防安全工作的管理。

城市轨道交通消防安全管理具有全方位性、全天候性、全过程性、全员性和强制性等特性。它是城市轨道交通运营企业运营管理工作的核心，是企业管理工作的重要环节。

任务目标

- 了解城市轨道交通消防安全管理的特性。
- 熟悉城市轨道交通消防安全管理的总要求。
- 掌握城市轨道交通消防安全管理职责。

任务学习

一、城市轨道交通消防安全管理的特性

城市轨道交通消防安全管理活动同其他管理活动相比较，大致有以下几点特性：

（一）全方位性

从消防安全管理的空间范围上看，城市轨道交通消防安全管理活动具有全方位性的特性。在日常生产和生活中，可燃物、助燃物和着火源可以说是无处不在。凡是有需要用火或是容易形成燃烧条件的场所，都是容易造成火灾的场所，也正是消防安全管理活动应该涉及的场所。

（二）全天候性

从消防安全管理的时间范围上看，城市轨道交通消防安全管理活动具有全天候性的特性。因城市轨道交通是日常出行的交通工具之一，人们出行的无时限性决定了消防安全的偶然性，所以消防安全管理在每一年的任何季节、月份、日期甚至每一天的任何时刻都不应该放松警惕。

（三）全过程性

从某一系统的诞生、运转、维护、消亡的生存发展进程上看，城市轨道交通消防安全管理活动具有全过程性的特性。如城市轨道交通运行过程中，从计划、运行、使用、保养、维修等过程，都应该实施有效的消防安全管理活动。

（四）全员性

从消防安全管理人员上看，城市轨道交通消防管理活动是不分男女老幼的，是全员参与的过程，具有全员性的特征。

（五）强制性

从消防管理的手段上看，城市轨道交通消防安全管理活动具有强制性的特征。因为火灾的破坏性很大，所以必须严格管理。如果疏于管理，不足以引起人们的高度重视。

二、城市轨道交通消防安全管理的总要求

城市轨道交通消防安全管理应当在当地政府的统一组织协调下，建立由政府相关

部门（包括公安、消防）与运营单位及供电、通讯、供水和医疗等单位密切协作、运转高效、分工明确的报警接警、监控、抢险救援机制。

城市轨道交通运营单位应制订安全管理责任制度，按照国家现行有关消防法律、法规、规章（以下简称消防法规）落实消防安全责任制，国家有关部门和单位应根据本标准对城市轨道交通中使用的设施、设备的设计、制造、安装与使用制定相关的安全管理办法和技术要求。

城市轨道交通运营单位应结合本单位实际制定单位和各部门的灭火和应急疏散预案，定期组织演练，提高先期应急处置能力。

城市轨道交通运营单位应当遵守有关消防法规，贯彻“预防为主，防消结合”的消防工作方针，正确处理好运营与安全的关系，建立科学的消防设施管理体制，保证城市轨道交通的安全运营。

城市轨道交通运营单位应按照现行有关消防法规和技术规范的要求来配置消防设施、器材，并在工程设计中积极采用先进的防火、灭火技术，选用先进可靠的防火灭设施、器材。

城市轨道交通消防法规和技术规范设置防火灾、水淹、风灾、冰雪、地震、雷击和停车事故等防灾设施，并以防控火灾的消防设施、器材为主。

城市轨道交通的消防安全管理工作和消防监督工作，除遵守本标准的规定外，还应符合国家现行的其他有关法律法规的规定。

城市轨道交通的消防安全设计、施工、验收管理应符合现行有关消防法规和技术规范的规定，并经国家公安消防监督机构审查和批准。

三、城市轨道交通消防安全管理职责

城市轨道交通运营单位为消防安全重点单位，应当履行相应的消防安全职责，建立消防安全责任体系，落实逐级消防安全责任制和岗位消防安全责任制，明确逐级和岗位消防安全职责，确定各级、各岗位的消防安全责任人，对本级、本岗位的消防安全负责，层层落实消防安全责任。

（一）城市轨道交通运营单位消防安全职责

对单位消防工作起决定作用的不是政府，不是公安机关消防机构，而是单位自身。一方面，消防法规从法律角度确定了“社会单位消防安全责任主体就是单位自身”；另一方面，火灾隐患是动态的，政府和监督部门不可能做到每天 24 小时去死看硬守。在禁止抽烟的地方抽烟、禁止动火的地方动火、禁止上锁的地方上锁等因素都有可能引发火灾。所以，必须从思想观念上和法律上确立起单位的消防安全责任主体意识。

1. 管理职责

（1）落实消防安全责任制，制定本单位的消防安全制度、消防安全操作规程，制定灭火和应急疏散预案；落实消防安全责任制。对单位来讲，只有建立单位内部自上而下的消防安全工作责任“链条”，才能确保单位消防安全责任环环相扣、层层落实。

（2）按照国家标准、行业标准配置消防设施、器材，设置消防安全标志，并定期组织检验、维修，确保完好有效：一是单位都应按照国家标准和行业标准配置消防设施和器材，设置消防安全标志；二是消防设施、器材和标志能否发挥预防火灾和在火灾中发挥扑灭初期火灾、控制火灾蔓延以及保护人员疏散等作用，关键在于日常的检查和维修保养，保证其完好有效。

（3）对消防设施每年应至少进行一次全面检测，确保完好有效，检测记录应当完整准确，存档备查。

（4）保障疏散通道、安全出口、消防车通道畅通。

（5）组织防火检查，及时消除火灾隐患；单位对检查中发现的火灾隐含，要及时消除，在火灾隐患未消除之前，单位应当落实防范措施，确保消防安全。

（6）组织进行有针对性的消防演练；单位应当按照预案进行实际的操作演练，增强单位有关人员的消防安全意识、熟悉消防设施、器材的位置和使用方法，有利于及时发现问题，完善预案。

（7）法律、法规规定的其他消防安全职责。

2. 组织火灾扑救和配合火灾调查的职责

（1）发生火灾时，单位应当立即实施灭火和应急疏散预案，务必做到及时报警，及时疏散人员。

（2）任何单位都应当无条件地为报火警提供便利，不得阻挡报警。单位应当为公安消防机构抢救人员、扑救火灾提供便利条件。

（3）火灾扑灭后，发生火灾的单位和相关人员应当按照公安机关消防机构的要求保护现场，接收事故调查，如实提供火灾有关情况，协助公安消防机构调查火灾原因，核定火灾损失，查明火灾责任。

（4）未经公安消防机构同意，不得擅自清理火灾现场。

3. 按照国家法律法规规定完善消防行政许可或者备案的职责

公众聚集场所在投入使用、营运前，应当向场所所在地的县级以上地方人民政府公安消防机构申请消防安全检查。经消防安全检查合格后，方可使用或者开业。

4. 消防安全重点单位职责

消防安全重点单位除了消防安全责任人对本单位的消防安全工作全面负责之外，还应当明确消防安全管理人，并将单位信息上报县级以上地方人民政府公安机关消防机构备案。同时履行下列消防安全职责：

（1）确定消防安全管理人，组织实施本单位的消防安全管理工作。

（2）建立消防档案，确定安全重点部位，设置防火标志，实行严格管理。

（3）实行每日防火巡查，并建立巡查记录。

（4）对职工进行岗前消防安全培训，定期组织消防安全培训和消防演练；每半年进行一次演练，并不断完善预案。

（二）各类人员职责

消防安全组织人员基本分为消防安全责任人、消防安全管理人、专（兼）职消防管理人员、自动消防系统操作人员、部门消防安全负责人等。单位可以根据实际需要成立由内部人员组成的志愿消防队，定期组织开展使用灭火器材、引导员工疏散演习等方面的训练，发挥其开展防火检查、消防宣传的作用，提高单位的自防自救能力。

1. 消防安全责任人职责

城市轨道交通运营单位的法人代表或主要负责人是单位的消防安全责任人，对本单位的消防安全工作全面负责，并应履行下列职责：

（1）贯彻执行消防法规，保障单位消防安全符合规定，掌握本单位的消防安全情况。

（2）组织审定与落实年度消防安全工作计划和消防安全资金预算方案。

（3）组织编制和审定本单位消防应急预案。

（4）确定逐级消防安全责任，批准实施消防安全制度和保障消防安全的操作规程。

（5）组织防火检查，督促落实火灾隐患整改，及时处理涉及消防安全的重大问题。

（6）组织建立消防安全例会制度，每月至少一次消防安全工作会议。

（7）每月至少参加一次防火检查。

（8）消防安全责任人应当报当地公安消防机构备案。

2. 消防安全管理人职责

城市轨道交通运营单位的消防安全管理人员应由消防安全责任人任命，具体负责管理单位的消防安全工作，对消防安全责任人负责。并应履行下列职责：

（1）拟定年度消防工作计划，组织实施日常消防安全管理工作。

（2）组织制定消防安全制度和保障消防安全的操作规程并检查督促其落实。

（3）拟定消防安全工作的资金投入和组织保障方案。

（4）组织实施防火检查和火灾隐患整改工作。

（5）组织实施对本单位消防设施、灭火器材和消防安全标志的维护保养，确保其完好有效，确保疏散通道和安全出口畅通。

（6）组织建立消防组织，每半年至少组织一次消防宣传教育，灭火和应急疏散演练。

（7）组织开展消防知识、技能的宣传教育和培训。

（8）完成单位消防安全责任人委托的其他消防安全管理工作。

3．专（兼）职消防安全管理人员职责

专（兼）职消防安全管理人员是做好消防安全的重要力量，在消防安全责任人和消防安全管理人的领导下开展消防安全管理工作。应当履行下列职责：

（1）掌握消防法律法规，了解本单位消防安全状况，及时向上级报告。

（2）提请确定消防安全重点单位，提出落实消防安全管理措施的建议。

（3）实施日常防火检查、巡查，及时发现火灾隐患，落实火灾隐患整改措施。

（4）管理、维护消防设施，灭火器材和消防安全标志。

（5）组织开展消防宣传，对全体员工进行教育培训。

（6）编制灭火和应急疏散预案，组织演练。

（7）记录有关消防工作的开展情况，完善消防档案。

（8）完成其他消防安全管理工作。

4．自动消防系统操作人员职责

自动消防系统的操作人员包括单位消防控制室的值班、操作人员以及从事灭火系统等自动消防设施管理、维护的人员等。其应当履行下列职责：

（1）自动消防系统的操作人员必须持证上岗，掌握自动消防系统的功能及操作规程。

（2）每日测试主要消防设施功能，发现故障应在 24 h 内排除，不能排除的应逐级上报。

（3）核实、确认报警信息，及时排除误报和一般故障。

（4）发生火灾时，按照灭火和应急疏散预案，及时报警和启动相关消防设施。

5．部门消防安全责任人职责

部门主要负责人作为本部门消防安全责任人，对本部门消防安全工作负总责，应当带头并督促本部门员工遵守各种消防安全法律法规和各项消防安全管理制度，利用多种手段积极学习消防安全知识。其应当履行下列职责：

（1）组织实施本部门的消防安全管理工作计划。

（2）根据本部门的实际情况，开展消防安全教育与培训，制定消防安全管理制度，落实消防安全措施。

（3）按照规定实施消防安全巡查和定期检查，管理消防安全重点部位，维护管辖范围的消防设施。

（4）及时发现和消除火灾隐患，不能消除的，应采取相应措施并及时向消防安全管理人报告。

（5）发现火灾，及时报警，并组织人员疏散和初期火灾扑救。

6．志愿消防队员职责

志愿消防队员来自单位员工，是发生火灾时单位的主要灭火力量。应对其定期组织训练、考核和应急疏散演练，其应当履行下列消防安全责任：

（1）熟悉本单位灭火与应急疏散预案和本人在志愿消防队中的职责分工。

（2）参加消防业务培训及灭火和应急疏散演练，了解消防知识，掌握灭火与疏散技能，会使用灭火器材及消防设施。

（3）做好本部门、本岗位日常防火安全工作，宣传消防安全常识，督促他人共同遵守，开展群众性自防自救工作。

（4）发生火灾时须立即赶赴现场，服从现场指挥，积极参加扑救火灾、人员疏散、救助伤员、保护现场等工作。

7. 一般员工职责

（1）明确各自消防安全责任，认真执行本单位的消防安全制度和消防安全操作规程，维护消防安全，预防火灾。

（2）保护消防设施和器材，保障消防车通道畅通。

（3）发现火灾，及时报警。

（4）参加有组织的灭火工作。

（5）发生火灾后，公共场所的现场工作人员应当立即组织、引导在场群众安全疏散。

（6）接收单位组织的消防安全培训，掌握火灾的危险性和预防火灾措施，懂得火灾扑救方法及火灾现场逃生方法；会报火警、使用灭火器材和扑救初期火灾，会逃生自救。

任务检查

任务检查单见表 3-1。

表 3-1　城市轨道交通消防安全管理的职责认知——任务检查单

任务编号	3-1	任务名称	城市轨道交通消防安全管理的职责认知
序号	检查内容	是	否
城市轨道交通消防安全管理的特性			
1	全方位性		
2	全天候性		
3	全过程性		
4	全员性		
5	强制性		
城市轨道交通消防安全管理的总要求			
6	城市轨道交通消防安全管理应当在当地政府的统一组织协调下，建立由政府相关部门（包括公安、消防）与运营单位及供电、通讯、供水和医疗等单位密切协作、运转高效、分工明确的报警接警、监控、抢险救援机制		
城市轨道交通消防安全管理职责			
7	城市轨道交通运营消防职责		
8	其他各类人员职责		

任务训练

（1）城市轨道交通消防安全管理活动的特性有（　　）。

A. 全方位性　　B. 强制性　　C. 全过程性　　D. 全天候性

（2）城市轨道交通运营单位应当遵守有关消防法规，贯彻“（　　）”的消防工作方针。

A. 安全第一，预防为主　　B. 预防为主，防消结合

C. 预防为主，奖惩结合　　D. 预防为主，消防结合

（3）对本单位的消防安全工作全面负责的是（　　）。

A. 消防安全责任人　　B. 消防安全管理人

C. 专（兼）职消防安全管理人　　D. 一般员工

任务拓展

（1）单位应如何做好消防安全管理？

（2）单位有哪些消防安全管理制度？

（3）如何做好消防安全重点部位的管理？

任务二　城市轨道交通消防器材及系统认知

任务描述

消防器材是火灾现场最直接的灭火工具，而如何正确掌握和使用消防器材对减少火灾中人员伤亡、财产损失将起到重要的作用。

消防系统是有效监测火灾、控制火灾、迅速扑灭火灾，保障人民生命和财产安全，保障国民经济建设而建立的一套完整、有效的体系。

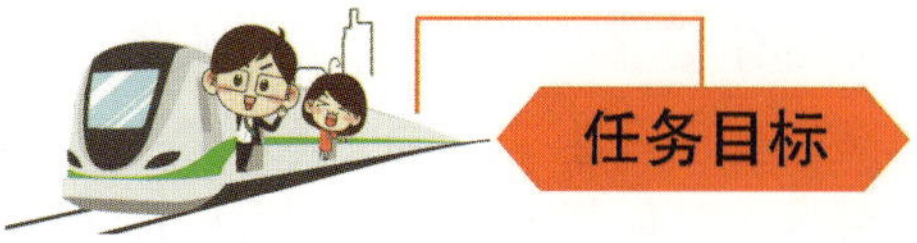

- 认识并正确使用各类消防器材。
- 熟悉消防的几大系统。

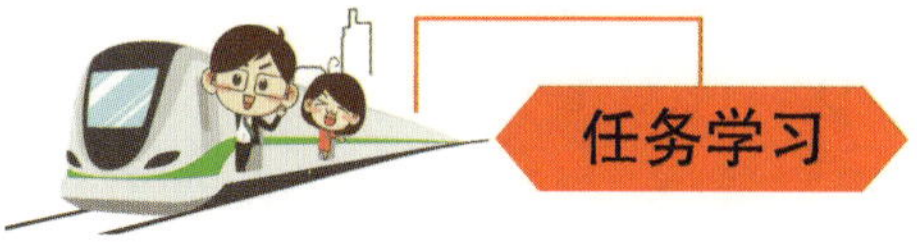

一、城市轨道交通常用消防器材

（一）灭火器

灭火器是一种轻便的灭火器材，是扑救初期火灾最常用的灭火设备。灭火器的种类较多，按所充装的灭火剂来分类，在城市轨道交通范围内使用的主要有干粉灭火器、二氧化碳（CO_2）灭火器、水基型灭火器、洁净气体灭火器等。

1. 灭火器的分类

（1）干粉灭火器（见图 3-1）。

干粉灭火器是利用氮气作为驱动力，将筒内的干粉喷出来灭火的灭火器。干粉灭火器内充装的是干粉灭火剂，除扑救金属火灾的专用干粉灭火剂外（干粉灭火剂一般分为 BC 干粉灭火剂和 ABC 干粉灭火剂两大类），目前国内已经生产的产品有磷酸铵盐、碳酸氢钠、氯化钠、氯化钾干粉灭火剂等。

干粉灭火器可扑灭一般的可燃固体火灾，还可扑灭油、气等燃烧引起的火灾，主要用于扑救石油、有机溶剂等易燃液体、可燃气体和电气设备的初期火灾，广泛用于油田、油库、炼油厂、化工厂、化工仓库、船舶、

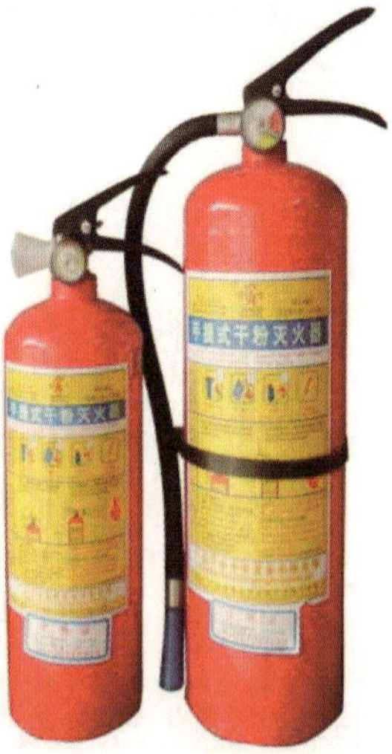

图 3-1　干粉灭火器

飞机场以及工矿企业。

（2）二氧化碳（CO_2）灭火器（见图 3-2）。

图 3-2　二氧化碳灭火器

二氧化碳灭火器的容器内充装的是二氧化碳气体，靠自身的压力驱动喷出进行灭火。它在灭火时具有两大作用：一是窒息作用，当把二氧化碳释放到灭火空间时，由于二氧化碳的迅速汽化、稀释燃烧区的空气，当使空气的氧气含量减少到低于维持物质燃烧时所需的极限含氧量，物质就不会继续燃烧从而熄灭。二是冷却作用，当二氧化碳从瓶中释放出来，由于液体迅速膨胀为气体，会产生冷却效果，致使部分二氧化碳瞬间转变为固态的干冰，在干冰迅速汽化的过程中要从周围环境中吸收大量的热量，从而达到灭火的效果。

二氧化碳灭火器具有流动性好、喷射率高、不腐蚀容器和不易变质等优良性能，用来扑灭图书、档案、贵重设备、精密仪器、600 V 以下电气设备及油类的初期火灾。

（3）水基型灭火器（见图 3-3）。

水基型灭火器是指内部充入的灭火剂是以水为基础的灭火器，一般由水、氟碳催渗剂、阻燃剂、稳定剂等多组分配合而成，以氮气（或二氧化碳）为驱动气体，是一种高效的灭火器。常用的水基型灭火器有清水灭火器、水基型泡沫灭火器和水基型税务灭火器三种。

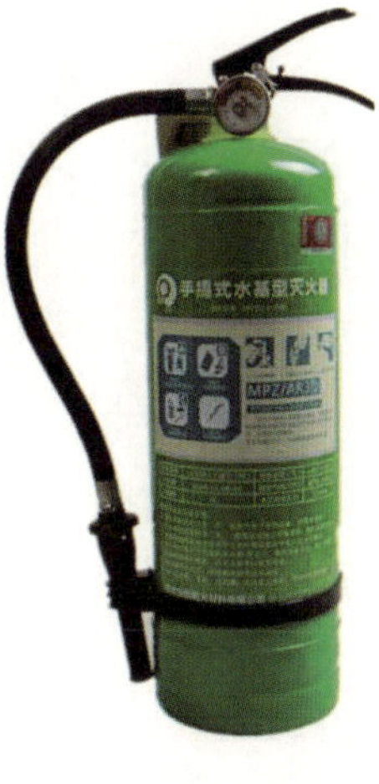

图 3-3　水基型灭火器

（4）洁净气体灭火器（见图 3-4）。

这类灭火器是将洁净气体（如七氟丙烷、三氟甲烷等）灭火剂直接加压充装在容器中，使用时，灭火剂从灭火器中排除形成气雾状射流射向燃烧物，灭火剂与火焰接触时发生一系列物理化学反应，使燃烧中断，达到灭火的目的。洁净气体灭火器适用于扑救可燃液体和可融化的固体物质以及带电设备的初期火灾，可在图书馆、宾馆、档案室、商场以及各种公共场所使用。洁净气体灭火器对环境无害，在自然中存留期短，灭火效率高且低毒，适用于有工作人员常驻的防护区，是卤代烷灭火器在现阶段较为理想的替代产品。

图 3-4　洁净气体灭火器

2．灭火器的使用步骤

第一步：识别灭火器的型号，如图 3-5 所示。

第二步：判断火势，正确选用相关类型的灭火器。

第三步：对灭火器进行检查，看是否能正常使用，如图 3-6 所示。

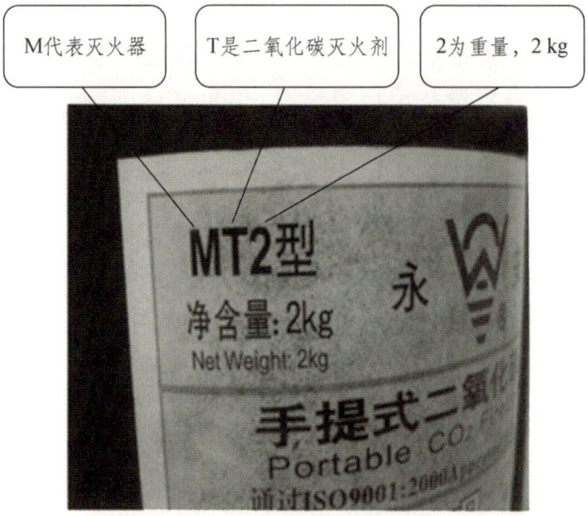

图 3-5　灭火器型号图示

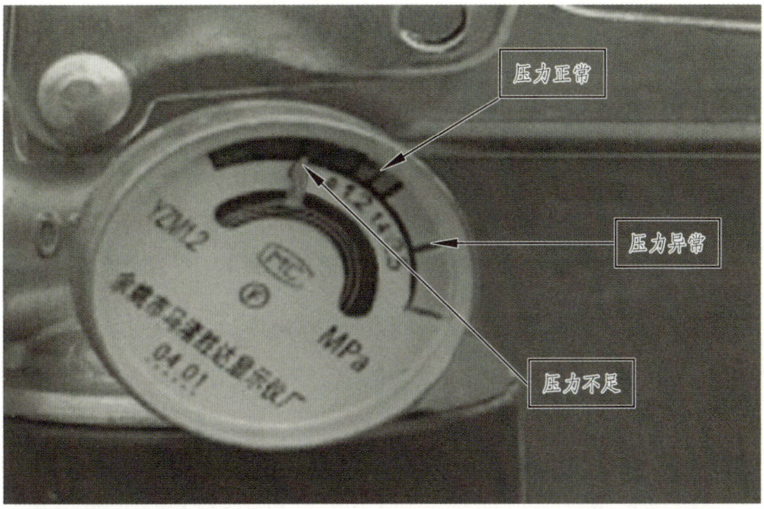

图 3-6　灭火器检查图示

第四步：站在上风位置，迅速采取正确的操作方法，将火源扑灭。

摇：防止灭火器内灭火剂凝固，影响灭火效果，如图 3-7 所示。

拔：拔出保险栓，如图 3-8 所示。

瞄：瞄准火焰根部，如图 3-9 所示。

压：压下灭火器手柄，如图 3-10 所示。

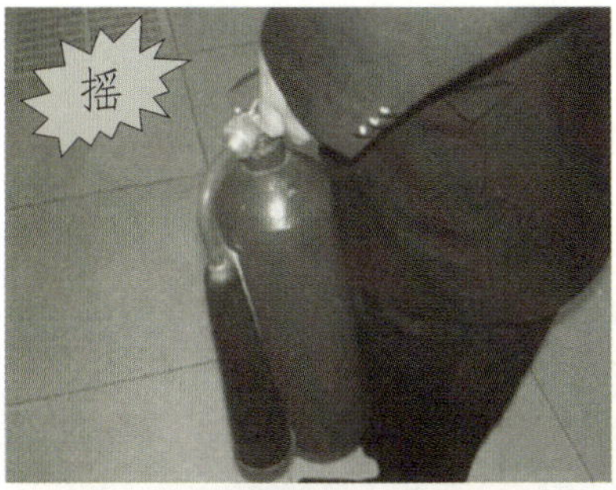

图 3-7　摇动灭火器图示

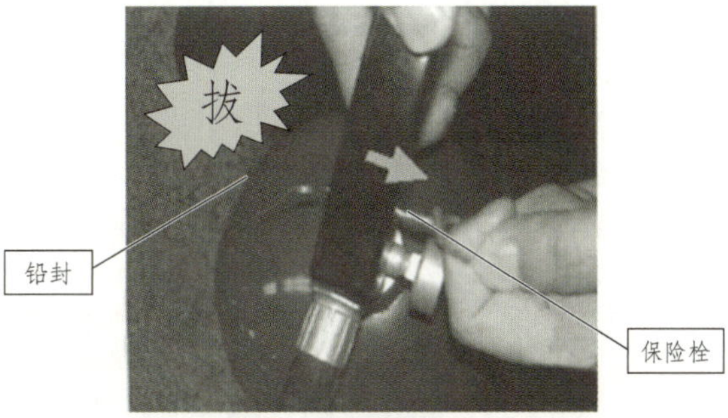

图 3-8　拔出保险栓图示

图 3-9　瞄准火焰根部图示

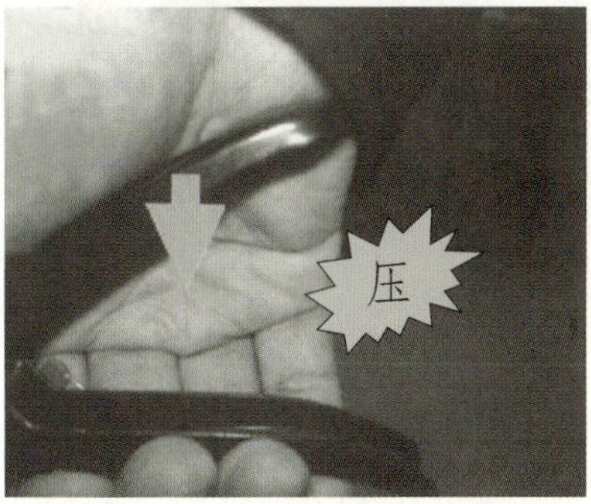

图 3-10　压灭火器手柄图示

扫：左右扫射，如图 3-11 所示。

图 3-11　左右扫射图示

（二）消火栓

城市轨道交通消火栓主要由消防水源、消防水管、室内消火栓箱（包括水带、水枪、消防软管卷盘，如图 3-12 所示）和室外消火栓（见图 3-13）、消防水泵、消防水泵控制器等组成。

图 3-12　室外消火栓

图 3-13　室内消火栓

消火栓的使用步骤如下：

（1）打开消火栓箱，取出水带。

（2）抛水带。右手握住水带，然后用力向正前方抛出，使水带向正前方摊开。

（3）接水带。右手将水带接头与消火栓接头对接，并顺时针转动至卡紧为止。

（4）接水枪，打开水龙头。迅速拿起另一头水带接头，一手拿着水枪向着火部位冲去，将水枪头接上水带接口，并将水龙头打开。

（5）灭火。射水时，采取包围灭火战术阻止火势和烟雾向四周扩散，以便有效控制，直至将火扑灭。如遇电气火灾，应先断电后灭火。

消火栓的使用步骤一般有会贴在消火栓箱上，如图 3-14 所示。

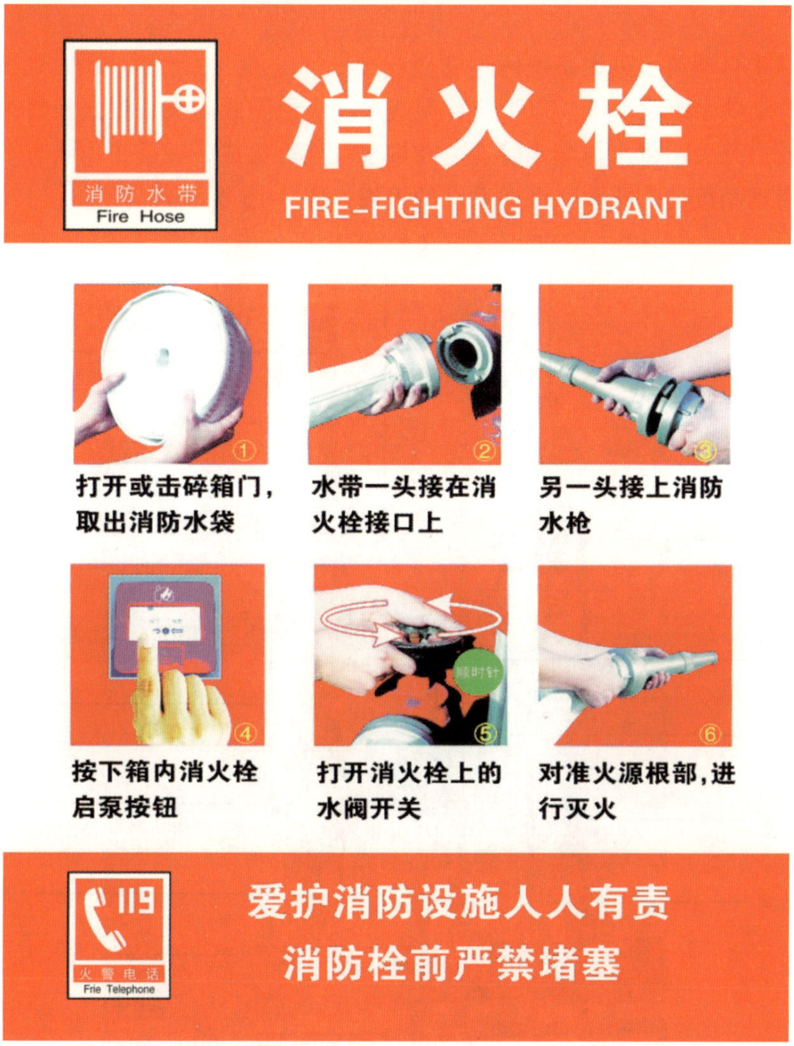

图 3-14　消火栓的使用步骤

二、城市轨道交通消防系统

（一）自动喷水灭火系统

自动喷水灭火系统是由洒水喷头、报警阀组、水流报警装置（水流指示器或压力开关）等组件，以及管道、供水设施等组成的，并能在发生火灾时喷水的自动灭火系统。根据系统的用途和配置状况，自动喷水灭火系统又分为湿式自动喷水灭火系统、干式自动喷水灭火系统、预作用式自动喷水灭火系统等。自动喷水灭火系统在保护人身和财产安全等方面具有安全可靠、经济实用、灭火成功率高等优点，广泛应用于可以用水灭火的场所。

1. 湿式自动喷水灭火系统

（1）湿式自动喷水灭火系统的组成。

湿式自动喷水灭火系统（以下简称湿式系统）由闭式喷头、湿式报警阀组、水流指示器或压力开关、供水与配水管道以及供水设施等组成，在准工作状态下，管道内充满用于启动系统的有压水。湿式系统的组成如图 3-15 所示。

图 3-15 湿式自动喷水灭火系统的组成

（2）湿式自动喷水灭火系统的启动原理。

湿式系统的管网内充满了水，并保持一定的压力。被保护区域发生火灾后，当火灾区域燃烧产生的热气达到一定温度时（70 °C 时），洒水喷头的玻璃球受热膨胀破裂，喷头开始喷水灭火。管网水压降低，湿式报警阀的力开关供水一侧压力大于管网压力，分割活塞自动开启管网一侧补水，平衡压力，活塞同时牵动报警警铃。水力警铃开始报警，相关信号被发送到消防水泵控制柜，启动消防水泵供水。

2．干式自动喷水灭火系统

干式自动喷水灭火系统（以下简称干式系统）由闭式喷头、干式报警阀组、水流指示器或压力开关、供水与配水管道、充气设备以及供水设施等组成，在准工作状态下，配水管道内充满用于启动系统的有压气体。干式系统的启动原理与湿式系统相似，只是将传输喷头开放信号的介质由有压水改为有压气体。干式系统的组成如图 3-16 所示。

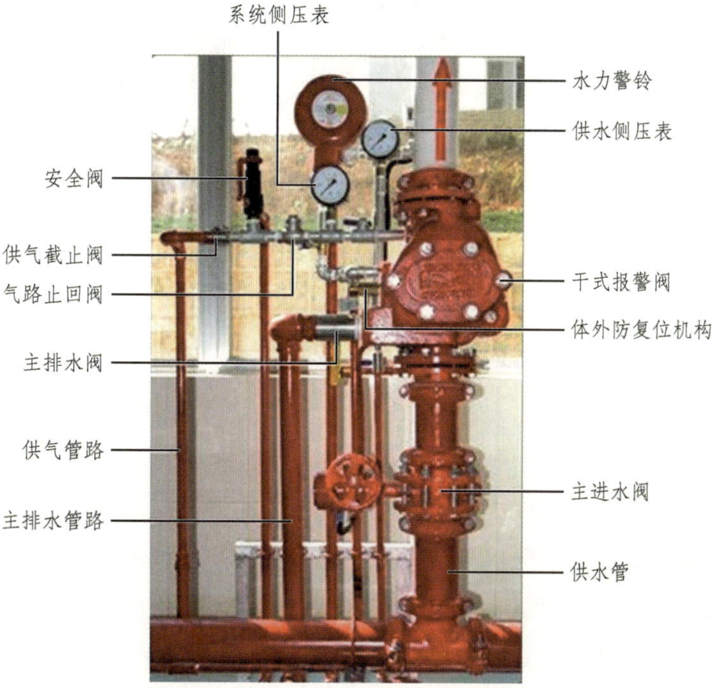

图 3-16　干式自动喷水灭火系统的组成

3．预作用式自动喷水灭火系统

预作用式自动喷水灭火系统（以下简称预作用系统）由闭式喷头、雨淋阀组、水流报警装置、供水与配水管道、充气设备和供水设施组成。在准工作状态下，配水管道内不充水，由火灾报警系统自动开启雨淋阀后，转换为湿式系统。预作用系统与湿式、干式系统的不同之处在于系统采用雨淋阀，并配套设置火灾自动报警系统。预作用式系统组成如图 3-17 所示。

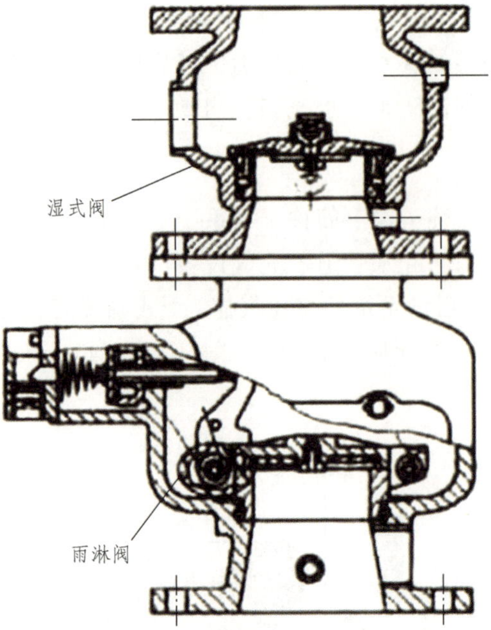

图 3-17　预作用式自动喷水灭火系统结构

（二）气体灭火系统

气体灭火系统是以一种或多种气体作为灭火介质，通过这些气体在整个防护区内或保护对象周围的局部区域建立起气体浓度实现灭火。气体灭火系统具有灭火效率高、灭火速度快、保护对象无污损等优点。根据灭火介质的不同，气体灭火系统可分为二氧化碳灭火系统、七氟丙烷灭火系统、IG-541 混合气体灭火系统等。

气体灭火系统主要用于保护车站内火灾危险性较高的或重要的设备房，如高低压室、整流变电室、环控电控室、信号设备室、通信设备室、屏蔽门控制室等，部分主变电站、集中冷站的重要设备房也设有气体灭火系统。

气体灭火系统一般由药剂储存和喷放设备、报警和控制设备等组成。药剂储存和喷放设备主要包括气体钢瓶、钢瓶固定支架、瓶头阀电磁启动器、瓶头阀手动启动器等。报警和控制设备主要包括火灾探测器、控制盘、手拉开关、紧急停止开关、手动/自动选择开关、警铃、蜂鸣器和闪灯、气体释放指示灯等。气体灭火系统的组成如图 3-18 所示。

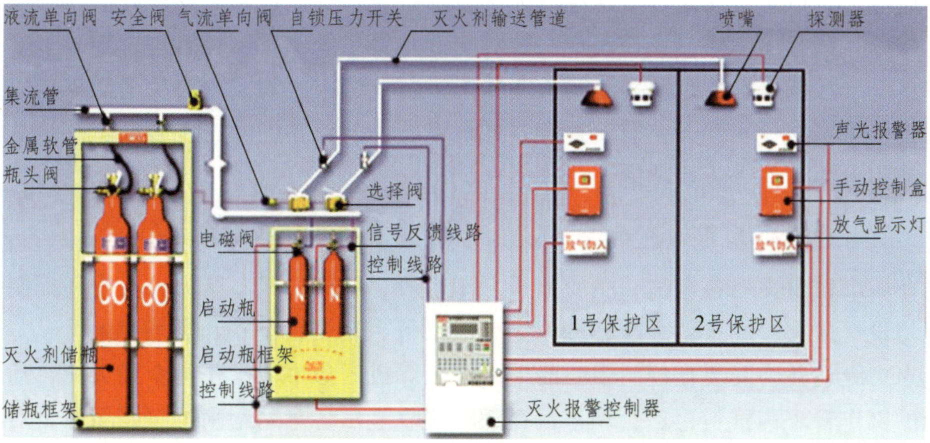

图 3-18　气体灭火系统的组成

（三）火灾自动报警系统

火灾自动报警系统是火灾探测报警与消防联动控制系统的简称，是以实现火灾早期探测和报警、向各类消防设备发出控制信号并接收设备反馈信号，进而实现预定消防功能为基本任务的一种自动消防设施。火灾自动报警系统的组成如图 3-19 所示。

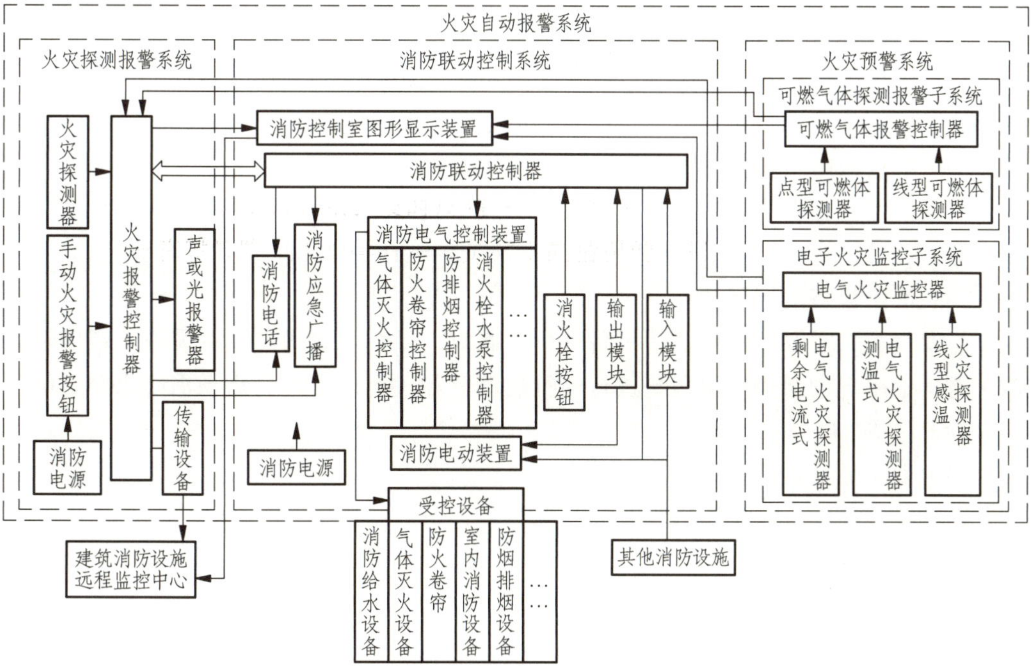

图 3-19　火灾自动报警系统的组成

通常，城市轨道交通每一条线的火灾自动报警系统以环网方式使各车站的报警控制器构成一个整体网络，在控制中心能对全线报警系统实行监控管理，随时掌握全线动态情况，在期所管辖范围内，对火灾状况进行监测报警和实施有关消防操作。火灾自动报警系统主要实现火灾监测报警、其他系统消防设备的监视及控制、系统故障报警、消防电话通信等重要功能。

1. 火灾自动报警系统的设备及分布

在城市轨道交通各车站、主变电所、车辆段、集中冷战、区间风机房和控制中心大楼均设有火灾自动报警系统，分为中央级设备、车站级设备和现场设备。

中央级设备为安装在控制中心的中央级计算机图形中心，作为全线火灾自动报警系统的操作管理和资料存档管理平台，随时接收显示各车站送来的报警信号，对车站报警点按全貌、分区等逐级进行图形显示，并打印、存档各类信息资料。

车站级设备包括火灾报警控制盘与站级计算机图形中心、站内的自动报警设备、手动报警器、消防紧急电话等。

现场设备级包括智能烟感探测器、智能温感探测器、普通烟感探测器、普通温感探测器、光电感烟探测器、感温电缆、手拉报警器、破玻报警器等。

2. 火灾自动报警系统的功能

（1）火灾报警功能。

系统通过现场火灾探测器监测到火灾情况时，控制盘便产生火灾报警信号。

（2）消防设备的监视功能。

对其他系统设备，如防火阀、气体灭火系统、消防水泵等进行监视，当设备动作或异常时便产生监视报警，如防火阀关闭、气体灭火系统打开、气体灭火系统报警等。

（3）系统故障报警功能。

当系统本身存在故障时，车站级控制盘及中央级计算机进行故障报警，如烟感器极脏等。

（4）消防设备的控制功能。

当发生火灾需要对某些消防设备进行控制时，系统可以通过控制模块（辅助继电器）对其他系统的某些消防设备进行强行启动，如关闭防火阀、启动消防水泵、降下防火卷帘门等。

（5）消防通信功能。

通过电话插孔、挂箱电话使现场与车控室进行直接通话。

（四）防排烟系统

当城市轨道交通发生火灾时，烟气的危害十分严重。设置防排烟系统的作用是将火灾产生的烟气及时排除，防止和延缓烟气扩散，保证疏散通道不受烟气侵害，确保人员顺利疏散、安全避难。同时，将火灾县城的烟和热量及时排除，以减弱火势的蔓延，为火灾扑救创造有利条件。

火灾烟气控制分为防烟和排烟两个方面，防烟采取自然通风和机械加压送风的形式，排烟则包括自然排烟和机械排烟两种形式。

（五）消防应急照明和疏散指示系统

消防应急照明和疏散指示系统是指在发生火灾时，为人员疏散、逃生、消防作业提供指示或照明的各类灯具，是城市轨道交通不可缺少的重要消防设施。消防应急照明和疏散指示系统的主要功能是为火灾中人员的逃生和灭火救援行动提供照明及方向指示，由消防应急照明灯具和消防应急标志灯具等构成，如图 3-20 所示。

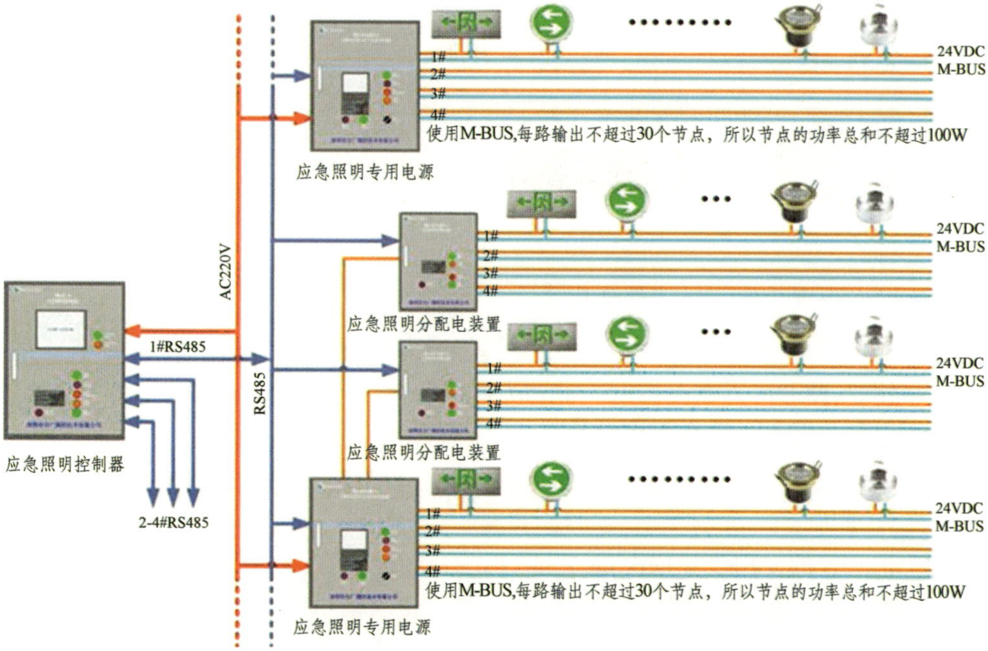

图 3-20　消防应急照明和疏散指示系统

任务检查

任务检查单见表 3-2。

表 3-2　城市轨道交通消防器材及系统认知——任务检查单

<table>
<tr><td>任务编号</td><td>3-2</td><td>任务名称</td><td colspan="3">城市轨道交通消防器材及系统认知</td></tr>
<tr><td>序号</td><td colspan="3">检查内容</td><td>是</td><td>否</td></tr>
<tr><td colspan="6">城市轨道交通常用消防器材</td></tr>
<tr><td>1</td><td colspan="3">灭火器的分类和使用步骤</td><td></td><td></td></tr>
<tr><td>2</td><td colspan="3">消火栓的组成和使用步骤</td><td></td><td></td></tr>
<tr><td colspan="6">城市轨道交通消防系统</td></tr>
<tr><td>3</td><td colspan="3">自动喷水灭火系统的分类和组成</td><td></td><td></td></tr>
<tr><td>4</td><td colspan="3">气体灭火系统的概念和组成</td><td></td><td></td></tr>
<tr><td>5</td><td colspan="3">火灾自动报警系统的设备、分布和功能</td><td></td><td></td></tr>
<tr><td>6</td><td colspan="3">防排烟系统的作用</td><td></td><td></td></tr>
<tr><td>7</td><td colspan="3">消防应急照明和疏散指示系统</td><td></td><td></td></tr>
</table>

任务训练

（1）扑灭电气火灾一定不能使用（　　）。

A. 干粉灭火器　　B. 二氧化碳灭火器

C. 水基型灭火器　　D. 洁净气体灭火器

（2）二氧化碳灭火器在灭火时具有（　　）作用。

A. 窒息　　B. 冷却

C. 膨胀　　D. 稀释

（3）消火栓的使用步骤依次是（　　）。

A. 取水带、抛水带　　B. 接水带、接水枪

C. 打开阀门　　D. 灭火

任务拓展

（1）二氧化碳灭火系统可用于扑救哪些火灾？

（2）火灾探测器的选择要求有哪些？

（3）消防应急照明和疏散指示系统的选择原则是什么？

任务三　城市轨道交通火灾救援、自救与逃生

任务描述

城市轨道交通作为现代城市不可或缺的交通工具，在人们的生活中发挥着越来越重要的作用，它提供给人们的便利是其他交通工具所无法替代的。但是，由于其结构特殊，其站台、站厅和通行路线一般位于地面以下，运营线路长，客流量大，一旦发生火灾，人员疏散困难，扑救困难，极易造成严重后果。

城市轨道交通火灾救援、自救与逃生是企业管理的重要环节，加强学习管理，在遇到火灾时能减少人员伤亡，降低经济损失。

任务目标

- 熟悉火灾及灭火的基本知识。
- 掌握城市轨道交通火灾危险性及其特点。
- 熟悉城市轨道交通火灾救援、自救与逃生的方法。

任务学习

一、火灾及灭火的基本知识

（一）火灾

燃烧被人们控制利用，可以造福人类，一旦失去控制，将会造成极大危害。火灾是指在时间和空间上失去控制的灾害性燃烧现象。火灾具有极大的危害性，主要表现在两个方面：一是人员伤亡，二是财务损失。

根据可燃物的类型和燃烧特性不同，将火灾分为 A、B、C、D、E、F 六类。

A 类火灾：指固体物质火灾。这种物质通常具有有机物质性质，一般在燃烧时能产生灼热的余烬。如木材、干草、煤炭、棉、毛、麻、纸张等火灾。

B 类火灾：指液体或可熔化的固体物质火灾。如煤油、柴油、原油、甲醇、乙醇、沥青、石蜡、塑料等火灾。

C 类火灾：指气体火灾。如煤气、天然气、甲烷、乙烷、丙烷、氢气等火灾。

D 类火灾：指金属火灾。如钾、钠、镁、铝镁合金等火灾。

E 类火灾：指带电火灾。物体带电燃烧的火灾。

F 类火灾：指烹饪器具内的烹饪物（如动植物油脂）火灾。

根据生产安全事故等级标准，火灾分为特别重大、重大、较大和一般火灾四个等级。

特别重大火灾：指造成 30 人以上死亡，或者 100 人以上重伤，或者 1 亿元以上直接财产损失的火灾。

重大火灾：指造成 10 人以上 30 人以下死亡，或者 50 人以上 100 人以下重伤，或者 5 000 万元以上 1 亿元以下直接财产损失的火灾。

较大火灾：指造成 3 人以上 10 人以下死亡，或者 10 人以上 50 人以下重伤，或者 1 000 万元以上 5 000 万元以下直接财产损失的火灾。

一般火灾：指造成 3 人以下死亡，或者 10 人以下重伤，或者 1 000 万元以下直接财产损失的火灾。

（二）灭火

火灾通常都有一个从小到大、由弱到强、逐步发展直至熄灭的过程。火灾燃烧过程一般可分为初起、发展、猛烈、下降和熄灭五个阶段。在火灾初起阶段（一般固体物质火灾为着火后 10 ~ 15 min 内），燃烧面积不大，火焰不高，辐射热不强，是扑救的最好时机，只要发现及时，用较少的人力和应急消防器材就能将火控制或扑灭。

灭火的基本方法有以下几种：

1. 冷却灭火（见图 3-21）

可燃物达到着火点后就会发生燃烧或是持续燃烧，所以，在一定条件下，将可燃物的温度降到着火点以下的话，燃烧是可以停止的。对于固体，将其冷却在燃点以下；对于液体，将其冷却到闪点以下。水主要就是使用其冷却作用来实现灭火的，主要是因为水能吸收热量使着火物温度迅速下降下来，从而灭火。

图 3-21　冷却灭火

2．隔离灭火（见图 3-22）

在燃烧的三要素中，可燃物是燃烧的主要因素。只要将可燃物与氧气、火焰隔离开来就可以中断燃烧。比如发生森林大火时，至着火处安全范围以外的地方砍出隔离带，使火灾燃烧到此处时无可燃物后自行熄灭。这就是隔离法的有效运用。再比如泡沫灭火系统、手动切断天然气管道等都是这一类技术的使用。

图 3-22　隔离灭火

3．窒息灭火

可燃物的燃烧离不开氧化作用，需要在最低氧气含量以上才能进行，没有氧浓度火灾自然就被扑灭了。空气中氧气的含量一般是 21%，只要氧浓度低于 15% 时，就不能再维持正常燃烧了。所以我们日常锅内着火只要盖上锅盖就行了。使用二氧化碳、蒸气等来强行降低氧气含量也能灭火了。

4. 化学抑制灭火

由于有焰燃烧都是通过链式反应，在燃烧表面不停产生自由基，所以只要有效地抑制自由基的生成或降低自由基的浓度，就可以灭火。化学抑制法灭火速度快，可以非常快速地扑灭火初起火灾。但是这种方法只适用于火灾初起时候，因渗透性差，对深位的火灾灭火效果不理想。常见的就是以干粉灭火剂为代表的抑制法灭火。

二、城市轨道交通火灾危险性及其特点

（二）城市轨道交通火灾的危险性

1. 空间小、人员密度和流量大

城市轨道交通一般位于地下，仅有与地面连接相对空间较小的地下车站的通道作为出入口，不像地上建筑有门、窗，可与大气相通。因此，相对空间小、人员密度大和流量大是其最为显著的特征。

2. 用电设施、设备繁多

城市轨道交通内有车辆、通讯、信号、供电、自动售检票、空调通风、给排水等数十个机电系统设施和设备组成的庞大复杂的系统，各种强弱电电气设备、电子设备不仅种类数量多而且配置复杂，供配电线路、控制线路和信息数据布线等密如蛛网，如一旦出现绝缘不良或短路等，极易发生电气火灾，并沿着线路迅速蔓延。

3. 动态火灾隐患多

城市轨道交通内客流量巨大，人员复杂，乘客所带物品、乘客行为等难以控制，如乘客违反有关安全乘车规定，擅自携带易燃易爆物品乘车，在车上吸烟、人为纵火等动态隐患造成消防安全管理难度大，潜在火灾隐患多。

（二）城市轨道交通的火灾特点

城市轨道交通大部分运行与车站和隧道构成的相对封闭的空间内，人和设备高度密集。在这种特殊的环境中，一旦发生火灾事故，其危害将是极其严重的，主要特点有：

1. 救援难度大

由于城市轨道交通的出入口有限，而且出入口又通常是火灾时的出烟口，消防人员不易接近着火点，扑救工作难以展开。再加上地下工程对通信设施的干扰较大，扑救人员与地面指挥人员通讯、联络的困难，也为消防扑救工作增加了障碍。

2. 人员疏散困难

城市轨道交通系统发生火灾时，易产生浓烟和热气浪，同时产生大量的有毒气体，

这对人员疏散造成很大困难，易造成人员窒息死亡。首先，乘客在紧急情况下容易发生惊慌，不辨方向，造成混乱，影响疏散效果。其次，烟气对人的眼睛、喉咙、气管有刺激作用，增加了人们的恐惧心理，影响人们的判断力。再次，高温热浪使人员疏散困难。最后烟气与新鲜空气在出入口冲撞，使得从出入口流入车站的新鲜空气的流动速度变慢，给人员疏散造成影响。

3. 通信系统容易瘫痪

城市轨道交通发生火灾时，由于水流和高温对通信器材的影响，消防员携带的普通无线电对讲机不能正常工作，甚至会造成整个通信系统瘫痪。

三、城市轨道交通火灾救援、自救与逃生的方法

（一）城市轨道交通发生火灾的安全疏散

1. 列车在区间隧道内发生火灾的安全疏散

列车在区间隧道内发生火灾时，应尽量驶入前方车站，利用前方车站来疏散乘客。如果列车不能驶入前方车站，停止区间隧道，必须紧急疏散乘客。列车头部着火时，驾驶员应组织乘客迅速从车尾下车后步行至后方的车站，运营控制中心应开启隧道通风系统紧急模式，向列车前进方向送风，使烟雾远离乘客，如图 3-24 所示。

图 3-24　列车头部着火且停在区间任意位置

列车车位着火时，驾驶员应组织乘客从车头迅速下车后步行至前方车站，运营控制中心应开启隧道通风系统紧急模式，向列车后退方向送风，如图 3-25 所示。

图 3-25　列车尾部着火且停在区间任意位置

列车中部着火且停在近前方车站时，驾驶员应组织乘客从两端下车后分别步行至前后方车站，运营控制中心应开启隧道通风系统紧急模式，向列车前进方向送风，使

烟雾远离尾部乘客,而列车头部乘客因距离前方站较近,不会受到烟雾伤害,如图 3-26 所示。

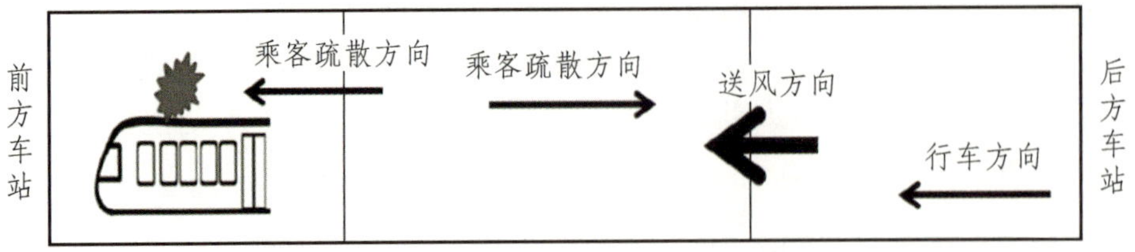

图 3-26 列车中部着火且停在进前方车站

列车中部着火且停在近后方车站时，驾驶员应组织乘客向两端疏散，运营控制中心应开启隧道通风系统紧急模式，向列车后退方向送风，使烟雾远离头部乘客，而列车尾部乘客距离后方站较近，不会受到烟雾伤害，如图 3-27 所示。

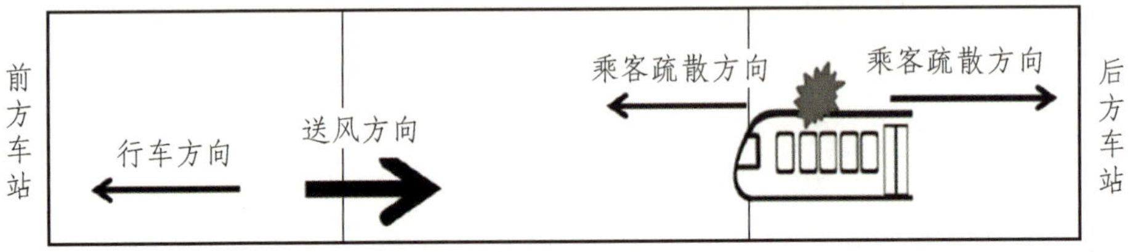

图 3-27 列车中部着火且停在近后方车站

列车中部着火且停在区间中部，驾驶员应组织乘客向两端疏散，运营控制中心应开启隧道通风系统紧急模式，向列车前进方向送风，使烟雾远离尾部乘客，如图 3-28 所示。

图 3-28 列车中部着火且停在区间中部

2. 列车在车站发生火灾的安全疏散

如果列车在车站发生火灾，应该立即执行紧急疏散计划，停止线路上的其他列车开行和其他乘客进入火场，并利用车站楼梯、出入口疏散乘客。

（二）火灾自救与逃生方法

1. 城市轨道交通车站火灾自救与逃生

（1）贯彻“救人第一，救人于灭火同步进行”原则，积极施救。

（2）火灾发生后，车站工作人员应首先做好乘客的疏散、救护工作。

（3）把握起火初期的关键时间，在消防员到来前积极组织灭火自救。

（4）车站工作人员开展灭火自救工作时应注意做好个人防护。

（5）消防员到场后，灭火任务应交给消防员。

（6）当火势不可控制，可能危及自身生命安全时，车站工作人员应主动撤离。

（7）乘客在车站遇到火灾时，应服从工作人员指挥，听从事故广播指引，沿疏散标志方向出站逃生。

（8）车站发生火灾时，不要使用垂直升降电梯。

2. 城市轨道交通列车火灾逃生

（1）列车在车站内发生火灾时的逃生。

① 乘客应保持镇静。

② 按压车厢内的紧急情况按钮或紧急通话器（各线列车因生产厂家不同，设置略有不同，详见应急设备使用说明），通知司机车厢内发生情况。

③ 在可能的情况下，使用车载灭火器灭火。

④ 必要时克拉下类车车门紧急解锁手柄，向两侧用力推开车门。

⑤ 向站外方向疏散。

（2）列车在隧道内发生火灾时的逃生。

① 乘客应保持镇静。

② 按压车厢内的紧急情况按钮或紧急通话器，通知司机车厢内发生情况。

③ 在可能的情况下，使用车载灭火器灭火。

④ 列车将会尽可能到车站进行人员疏散，因此，乘客应听从列车广播的指挥，千万不要惊慌失措，不要乱动车厢内其他设备。

⑤ 在列车无法到达前方车站而又需要紧急疏散的情况下（因隧道内紧急疏散设计不同，各条线路的隧道内疏散方式是不同的），车厢内乘客应听从列车广播的指挥。

一般情况下，隧道内的防排烟设计原理为：迎向乘客疏散方向的两座车站轴流风机开启送风模式进行强力送风，背向乘客疏散方向的两座车站的轴流风机开启排烟模式进行排烟，保护乘客安全疏散，促使烟火背向疏散方向蔓延。

任务检查

任务检查单见表 3-3。

表 3-3　城市轨道交通火灾救援、自救与逃生——任务检查单

任务编号	3-3	任务名称	城市轨道交通火灾救援、自救与逃生
序号	检查内容	是	否
火灾及灭火的基本知识			
1	根据可燃物的类型和燃烧特性不同，火灾分为 A、B、C、D、E、F 六类；根据生产安全事故等级标准，火灾分为特别重大、重大、较大和一般火灾四个等级		
2	灭火的基本方法有：冷却灭火、隔离灭火、窒息灭火和化学抑制灭火		
城市轨道交通火灾危险性及其特点			
3	城市轨道交通空间小、人员密度和流量大，用电设备、设施多，动态火灾隐患多		
4	城市轨道交通的火灾救援难度大、人员疏散困难、通信系统容易瘫痪		
城市轨道交通火灾救援、自救与逃生的方法			
5	城市轨道交通发生火灾的安全疏散方法		
6	火灾自救与逃生方法		

任务训练

（1）简述列车在内发生火灾时逃生的注意事项。

（2）简述火灾的分类以及灭火的方法。

任务拓展

常见的急救方法

一、火烧伤急救

火场烧伤处理当务之急是尽快消除皮肤受热。

（1）用清水或自来水充分冷却烧伤部位；

（2）用消毒纱布或干净布等包裹伤面；

（3）伤员发生休克时，可用针刺或使用止痛药止痛;对呼吸道烧伤者，注意疏通呼

吸道，防止异物堵塞；

（4）伤员口渴时可饮少量淡盐水；紧急处理后可使用抗生药物，预防感染。

二、化学物品烧伤急救

当受到酸、碱、磷等化学物品烧伤时，最简单、最有效的处理办法是，用大量清洁冷水冲洗烧伤人员，一方面可冲洗掉化学物品，另一方面可使伤者局部毛细血管收缩，减少化学物品的吸收。

三、电烧伤急救

触电后，电流出入处发生烧伤，局部肌肉痉挛，且多为Ⅲ度烧伤。

（1）迅速关闭电源，使伤者脱离电源；

（2）伤员转移至通风处，松开衣服。当伤者呼吸停止时，施行人工呼吸；心脏停止跳动时，施行胸外按压；并可注射可拉明等呼吸兴奋剂，促使自动恢复呼吸；

（3）同时进行全身及胸部降温；

（4）清除呼吸道分泌物；

（5）对伤口用消毒纱布包裹，出血时用止血带、止血药等包扎处理。

四、有毒气体急救

（1）用湿毛巾等捂住口、鼻，躬身弯腰向与烟气相反方向的安全出口逃出；

（2）中毒者抢救出来后，放在空气新鲜、流通的地方实施抢救；

（3）伤员停止呼吸时，应立即进行人工呼吸，可能时供给氧气，并迅速送往医院。

任务四　应急认知与操作及突发事故的应急处理

任务描述

在建设城市轨道交通应急救援体系时，就必须进行合理策划，既要做到突出重点，准确反映城市轨道交通的主要重大事故风险，又要合理地编制各类预案，避免各类预案相互孤立、交叉和矛盾，从而使任何可能发生的事故局部化，尽可能地消除、减少事故造成的人员伤亡和财产损失，尽快恢复交通。

2006 年 1 月 8 日，国务院发布了《国家突发公共事件总体应急预案》，明确了各类突发公共事件的分级分类和预案框架体系，是指导预防和处置各类突发公共事件的规范性文件。

任务目标

- 理解安全事故和突发事件的应急处理。
- 掌握突发事件的应急组织。
- 掌握车站应急处理信息汇报与传递。
- 熟悉列车应急设备。
- 掌握行车事故应急处理。
- 掌握城市轨道交通车站突发事件应急处理办法。

任务学习

一、生产安全事故及突发事件应急处理概述

（一）生产安全事故的定义、分类

1．定义

生产安全事故是指在运营生产过程中，因违反规章制度、违反劳动纪律、违反作业纪律或技术要求，或因人员技能不高、设备技术状态不良及其他原因，造成人员伤亡、设备损坏、影响正常生产作业或危及安全生产的事件。

2．分类

（1）按事故的性质可分为：行车事故、客运事故、自然灾害引起的事故。

① 行车事故。行车事故是指列车运行中发生的对运营产生影响、造成人员伤亡、中断或延误行车、设备损害的事故。

② 客运事故。凡是在车站的站厅（指收费区内）、站台上、客运列车车厢内发生的危及乘客人身安全的事件，均属于客运事故。

③ 自然灾害引起的事故。在地铁范围内发生火灾、水灾、台风袭击、雷击及地震等灾害引起的事故。

（2）按照事故（事件）损失及对生产造成的影响和危害程度，分为特别重大事故、重大事故、较大事故、一般事故、险性事件、一般事件和事件苗头。

（二）突发事件的定义、特征、分类

1. 定义

突发事件是指突然发生，造成或者可能造成城市轨道交通重大人员伤亡、财产损失、列车中断运行、环境破坏和严重社会危害，需要采取应急措施予以应对的自然灾害、事故灾难、公共卫生和社会安全及安全生产的紧急事件。

2. 特征

突发事件具有突发性、不确定性、破坏性、衍生性、扩散性、应急处理的复杂性等特征。

3. 分类

突发事件分为运营生产类、社会治安类、自然灾害类、公共卫生类。

（1）运营生产类。

火灾、爆炸、建筑物坍塌、列车冲突、脱轨或颠覆等重大生产安全事故，以及大面积停电、突发性大客流等严重影响地铁运营的突发事件。

（2）社会治安类。

重大刑事案件、恐怖袭击以及在地铁车站内发生聚众闹事、劫持人质等严重影响地铁运营安全的突发事件。

（3）自然灾害类。

地震、水灾等导致地铁运营中断的突发事件。

（4）公共卫生类。

传染病疫情、生化、毒气和放射性污染等造成或可能造成社会公众健康而严重影响地铁运营的突发事件。

（三）应急预案的定义、分级和分类

1. 定义

应急预案指针对可能发生的应急事件，为保证迅速、有序、有效地开展应急救援行动，控制、减轻和消除应急事件引起的危害，规范各类应对活动预先制定的方案，包括总体应急预案、专项应急预案及现场处置预案。

2. 分级

根据突发事件对城市轨道交通正常运营可能造成的危害程度、波及范围、影响力大小、人员和财产损失等情况的影响程度和造成的损失的大小，可将其分为2级：重大级，一般级。

也有地铁公司按由高到低分为Ⅰ级（特别重大）、Ⅱ级（重大）、Ⅲ级（较大）级、Ⅳ级（一般级）4个级别。

3．分类

（1）根据事故、事件的危害及影响程度亦可分为：A类应急预案、B类应急预案。

（2）不同的突发事件，其基本应急模式可以由一个综合的标准化应急体系来完成：应急预案可分为综合应急预案、专项应急预案、现场处置方案。

① 综合应急预案。

企业的总体预案，侧重于应急救援活动的组织协调，从总体上阐述事故的应急方针、政策，明确相关职责、行动等，是应对各类突发事件的综合性文件。

② 专项应急预案。

针对具体不同的突发事件类别、危险源而制订的计划或方案。它在综合预案的基础上，充分考虑特定危险的特点和形势、组织机构等进行更具体阐述。常作为综合应急预案的附件。

③ 现场处置方案。

针对在运营过程中特定的具体场所、装置或重要防护区域等发生的具体事故所制订的方案。如列车脱轨、挤岔；车站及线路设备故障；车站火灾等。

现场处置方案具体、简单、针对性强。

（四）应急处理的原则及相关部门

1．应急处理的原则

事前应对突发事件实行“预防为主、预防与应急相结合的原则”，制定突发事件应急预案。发生事故（事件）时，要积极采取措施，迅速抢救，坚持“先救人，后救物；先全面，后局部；先正线，后其他”的原则以及“先通后复”的原则，快报告、快处理、快开通，优先组织人员疏散、伤员抢救，同时兼顾重点设备和环境的防护，尽快恢复运营，减少损失。

事故发生后，要按照“四不放过”的原则（即事故原因没有查清不放过、事故责任者没有严肃处理不放过、广大员工没有受到教育不放过、防范措施没落实不放过）处理事故，找出原因，分清责任，吸取教训，制订措施，防止同类事故再次发生。并按规定进行汇报。

2．应急处理相关部门

（1）控制指挥中心（OCC）：行车调度员、电力调度员、环控调度员、维修调度员。

（2）车站。

（3）列车司机。

（4）地铁公安人员。

二、突发事件的应急组织

（一）应急处理指挥机构

1. 抢险领导小组

（1）组成。

组长分别由轨道交通运营分公司经理、运营分公司主管安全副经理、相关专业主管副经理或总工程师、运营分公司相关部门部长或技术安全部部长担任。

副组长及组员由相应下级主管部门负责人、调度中心主任及相关的地铁公安分局领导等组成。

（2）职责。

负责整个突发事件的抢险救援的组织、指挥和决策，指挥各专业部门和外援单位参与抢险救援，并代表运营企业对外进行信息发布。

2. 现场指挥小组

（1）组成。

组长由突发事件抢险领导小组下属相关专业负责人担任。组员由组长指定相关专业部门负责人组成。

临时抢险组组长：未明确前，车站由站长或值班站长担任，区间由司机担任，车辆段由车辆段调度员担任。

（2）职责。

① 加强与领导小组联系，及时反映现场情况。

② 听取临时抢险组组长等有关人员对事故情况的汇报。

③ 组织各部门进行救援抢险工作。

④ 采取各种措施，控制事态发展，减少人员和财产损伤， 尽快恢复运营服务。

（二）应急处理的工作组织

1. 应急响应

（1）发生Ⅰ级、Ⅱ级突发事件时：

① 轨道交通运营单位应及时向市应急指挥中心报告。

② 市应急指挥中心启动相应的应急预案。

③ 各专业指挥组工作人员接到命令后，迅速赶赴现场进行处置。

（2）发生Ⅲ级、Ⅳ级突发事件时：

① 以轨道交通运营单位为主进行处置。

② 应及时启动该单位制定的专业应急预案。

③ 视情况拨打 110、119、120 等特服电话报告突发事件信息，主动协同救援。同时向市应急指挥中心报告。

2. 抢险组织

（1）组织原则：

① 现场有乘客时，应采取各种措施，稳定乘客情绪、维持秩序，首先保证乘客安全。

② 及时判明现场情况，及时报告。

③ 控制事态、减少影响，动员和组织一切力量进行抢险。

（2）领导指挥：

① 在现场总指挥到达之前，若事故发生在区间，由司机负责；根据需要，行车调度员安排事故区间邻近车站值班站长到达事故现场，由该值班站长负责。若事故发生在车站或车辆段，由值班站长、车辆段调度员负责。

② 现场总指挥到达现场后由现场总指挥接管，并组织开展工作。

（3）控制中心的责任：

① 控制中心主任根据现场情况启动相应预案。

② 加强与现场指挥的联系，负责信息的收集和传递。

③ 通知相关部门派出抢险队，同时通知地铁公安分局派出人员赶赴现场。

④ 协调相关部门按照需要增派抢险人员、调集抢险物资。

⑤ 掌握全公司生产动态，努力保证其他工作的正常进行。

3. 现场处置工作组织

（1）现场指挥小组总指挥到达事故现场后应了解事件的现场情况，迅速查看事故现场，确定影响范围，根据预案的规定，开展抢险救援工作。

（2）如发生的事件在预案外，由现场总指挥根据现场情况组织、制订抢险方案并实施。

（3）救援抢险工作结束后及时汇报并将指挥权上交控制中心。

（4）现场作业规定

① 抢险方案确定前，各部门抢险队到达现场后要在指定位置待命，抢险队负责人尽快掌握现场，并领受任务。

② 公安人员、车站员工负责维护现场秩序，组织无关人员离开事故现场。

③ 抢险救援工作方案的实施由专业抢险队伍负责，救援组织由抢险队负责人负责，其他人不得向正在进行救援的人员下达命令。

④ 实施方案的变更，须经抢险领导小组批准。

（三）应急处理的信息报告

1. 信息报告遵循原则

（1）迅速准确、简单明了、逐级上报的原则。

（2）公司、分公司内部及协作单位并举的原则。

（3）控制中心负责信息的收集和传递。

（4）在区间发生时，由司机立即报告行车调度员。

（5）在车站或车辆段发生时，由车站行车值班员或车辆段调度员立即报告行车调度员。

2. 突发事件报告流程

突发事件报告流程如图 3-29 所示。

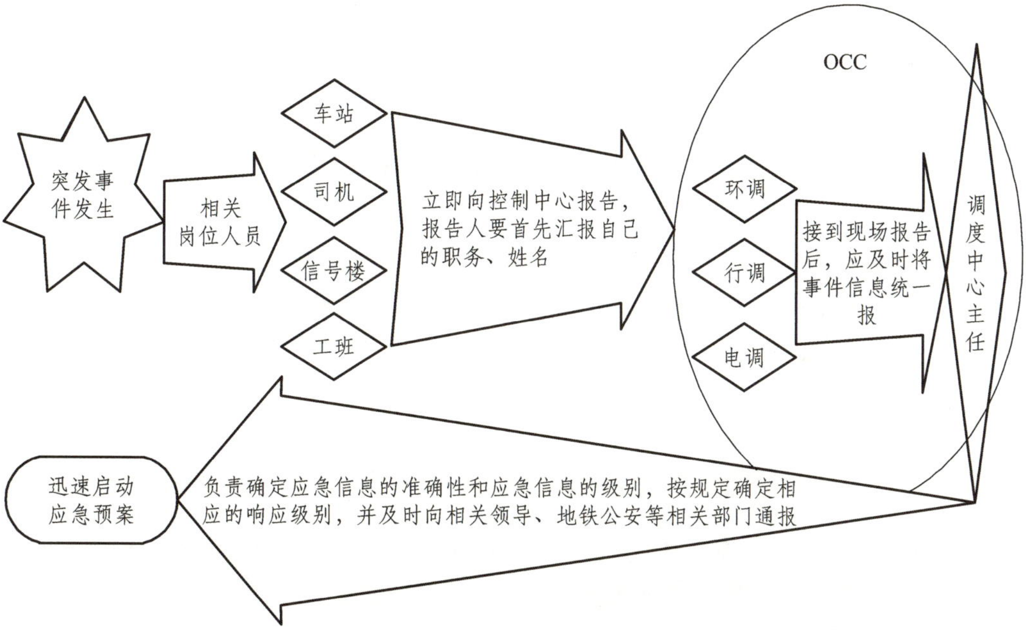

图 3-29　突发事件报告流程

3. 报告事项

（1）发生时间（月、日、时、分）。

（2）发生地点（区间、百米标和上、下行正线）。

（3）列车车次、车组号、关系人员姓名、职务。

（4）事故概况及原因。

（5）人员伤亡情况及车辆、线路等地铁设备损坏情况。

（6）是否需要救援。

（7）是否影响邻线运行。

（8）其他必须说明的内容及要求。

4．信息通报原则

（1）迅速、准确、真实的原则。
（2）逐级报告的原则。
（3）内部、上级领导及协作单位并举的原则。
（4）分类、分级报送原则。
（5）就地、就近报告的原则。
（6）优先上报调度信息的原则。
（7）结合事件进展、动态报告的原则。

三、车站应急处理信息汇报与传递

（一）信息的类型

1．A 类信息内容

（1）各类事故（件）；火灾、爆炸、毒气突发事件。
（2）气体灭火系统误喷；人员伤亡事故；设备设施被盗损坏事件。
（3）行车设备故障；改变闭塞方式；LOW 报警（A 类）。
（4）车站停电漏水水管爆裂情况；施工人员不服从车站管理事件。
（5）施工人员未按规定时间销点；线路积水或异物侵限事件。
（6）设备设施故障并影响生产运作的事件。
（7）其他有必要上报的事件。

2．B 类信息内容

火警事件；LOW 报警（B 类）；行车设备故障修复；设备设施故障，不影响生产运作的情况；其他有必要上报的事件。

（二）信息汇报的途径和流程

（1）生产信息汇报途径：分为业务线和行政线两种。A 类生产信息按业务线和行政线两条途径汇报，B 类生产信息按业务线汇报。

（2）信息传递渠道：

行政渠道：当事人→行车值班员（值班站长）→站长→车间主任→中心领导。

业务渠道：当事人→行车值班员（值班站长）→车间专业工程师→车间分管领导→中心分管领导。

（3）汇报流程，如图 3-30 所示。

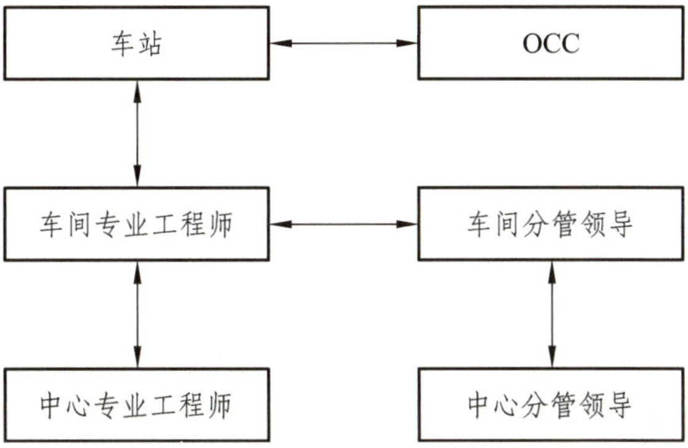

图 3-30　车站应急处理信息汇报流程

（三）信息汇报的具体要求

1. 时间要求

（1）A 类信息：

车站应在事发或接报后 3 min 内报车间专业工程师；车间专业工程师应在接报后 3 min 内报车间领导及中心。

（2）B 类信息：

车站应在事发或接报后 10 min 内报车间专业工程师。

2. 汇报原则

（1）信息汇报应遵循“先挂号、后续报”“先专业、后行政”“快报现象、慎报原因”的原则进行。

（2）信息汇报应遵循及时性和持续性原则，即除了按规定第一时间将信息向车间汇报外，还应包括事件处理的阶段性汇报（即处理过程和处理结果的汇报）。

（3）一般信息逐级上报，紧急、特殊信息可在车间内越级汇报。

（4）汇报信息准确、真实、及时。

（5）各种渠道并举。

3. 汇报内容

（1）事件概况：汇报车站及汇报人职务、姓名；事件发生时间、地点（精确到站厅/台、A\B 端、出入口、房间等）；对车站的影响（直观的、可明显判断的现象）；已上报的单位。

（2）事件前期处理情况：车站前期采取的措施；事故的初步原因；可能造成的进一步危害；需要帮助、协调解决的问题。

（3）事件后续处理情况：现场处理的相关单位（具体到分公司单位、施工单位、建设单位）；相关单位采取的应急措施（现象）；是否得到有效控制。

（4）事件恢复情况：事件恢复时间；恢复结果（相关设备是否可用、故障是否恢复、紧急情况是否得到缓解、安全隐患是否排除等）。

四、城市轨道交通应急设备

（一）列车应急设备

城市轨道交通车辆的乘客乘车车厢和驾驶室内都安装有一定的应急设备，主要包括应急疏散门、紧急报警装置、灭火器、紧急开门装置等。

1．应急疏散门

应急疏散门安装在列车两端的驾驶室内，如图 3-31 所示，它手动解锁后可推下专门的接近轨道的紧急梯，形成一个人员撤离通道。

图 3-31　应急疏散门

2．紧急报警装置

紧急报警装置安装于列车的车厢内。一般情况，每节车厢至少安装两个紧急报警装置，包括报警按钮和紧急对讲器。如图 3-32 所示。

图 3-32　紧急报警装置

3. 灭火器

一般情况下，车辆内配备的灭火器型号均为 6 kg，放置于车厢乘客底座下或车厢前后两端的专门设备中。如图 3-33 所示。

图 3-33　地铁车厢内的灭火器

4. 紧急开门装置

在每节列车车厢内均安装有紧急开门装置，是非正常情况下，比如无法开车门或遇到突发事件时，用于人为开启地铁车门的装置。如图 3-34 所示。

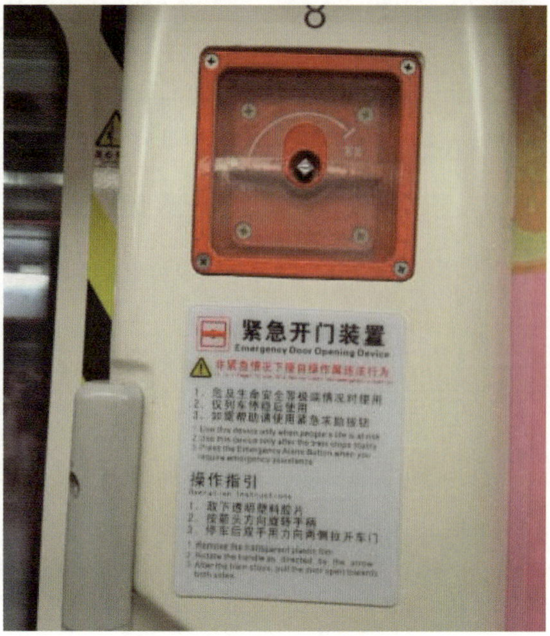

图 3-34　紧急开门装置

（二）城市轨道交通车站应急设备

1. 电梯急停按钮

一般在电动扶梯的首尾和中部一共有 3 个“电梯急停”按钮，电梯遇到紧急情况时，工作人员或乘客均可以按动按钮让电梯制动，避免安全问题扩大。如图 3-35 所示。

图 3-35　电梯急停按钮

2．紧急停车按钮

每侧站台墙上各设有两个紧急停车按钮，当发生危机安全的情况时，击碎玻璃按压 4 s 即可。如图 3-36 所示。

图 3-36 紧急停车按钮

3．火警报警按钮

每个车站的站厅、站台墙上均安装有“火警手动报警器”，发生火灾时使用。如图 3-37 所示。

图 3-37 火警报警按钮

4．屏蔽门手动开锁装置

每个车门对应的屏蔽门上均安装有手动解锁装置，当列车进站后屏蔽门无法自动开启时使用。如图 3-38 所示。

图 3.38　屏蔽门手动开锁装置

五、行车安全影响因素分析

（一）设备影响因素分析

1．车辆系统

车辆故障通常是影响线路运营的主要原因，其中以车门故障、主回路故障居多。其中车门故障率受客流变化影响较大。

2．通信信号系统

通信系统的电源发生故障或通信设备本身发生故障等问题时，不能保证各种行车信息及控制信息不间断地可靠传输，从而引起事故的发生。

3．通风/排烟系统

在通风系统管理上的缺陷，如对风亭、风道设置不合理，会妨碍通风系统的正常工作。

4．电气系统

接触网高压电，一旦发生接触网断线或绝缘子损坏，接触到金属结构物就会使其带电，危及人身安全。

5．给/排水系统

给/排水管道的腐蚀，绝缘效果不佳会发生泄露；隧道内排水系统不完善，隧道防水设计等级过低，会导致涝灾或地表水侵入。

6．公用工程及辅助设施

站台上乘客过多产生拥挤现象，可能会使乘客跌进轨道区，甚至在列车进站时而造成人身伤亡事故；在自动扶梯运行中，可能发生梯级下陷，驱动链断裂、梯级下滑、扶手带断裂等事故，并对乘客造成伤害。

（二）人员影响因素分析

（1）拥挤。

（2）道床伤亡。

（3）处理措施不当。

（三）环境影响因素分析

1．内部小环境

内部小环境通常指作业环境，即作业场所人为形成的环境因素，包括周围的空间和一切生产设施所构成的人工环境。

2．外部大环境

影响运营安全的大环境包括自然环境和社会环境。它们对城市轨道交通运营安全均有不同程度的影响。

（四）突发事件影响因素分析

1．火灾事件

（1）内部火灾危险因素分析。

车站、隧道以及列车内存在大量的电气设备等火灾危险因素；车站、列车内的建筑装饰材料、广告牌等为可燃材料，遇到火可能会发生火灾危险。

（2）外部火灾危险因素分析。

乘客违章携带危险物品、吸烟和吸烟后烟蒂随处乱扔等不当处置引起火灾危险；人为纵火、意外明火引起火灾危险。

2．恐怖事件

城市轨道交通车站及列车是人流密集的公共聚集场所，一旦发生爆炸、毒气等突发事件，造成群死群伤或重大损失，严重地影响了社会秩序的稳定。

六、行车事故应急处理

（一）挤道岔

1. 基本概念

车轮挤过或挤坏道岔，即为挤道岔事故，简称挤岔。处于良好状态的道岔，一侧的尖轨与基本轨密贴，另一侧的尖轨与基本轨分离。生挤道岔事故后，由于车轮强行挤开与基本轨密贴的尖轨，往往造成尖轨弯曲变形，转辙机遭到破坏，使得道岔损坏，尖轨不能与基本轨密贴。

2. 挤道岔时的处理

（1）对列车的处理。

发生挤道岔事故后，要根据列车停留位置及道岔类别具体处理。

① 列车已全部挤过道岔。通知维修部门对道岔进行检查，并根据损坏情况处理。

② 列车停留在道岔。组织压在道岔上的列车顺道岔方向缓缓移动，待列车全部通过道岔后，由维修部门处理。

（2）维修部门的处理。

① 检查道岔尖轨是否损坏。

② 更换转辙机相关设备。

③ 检查试验。

④ 清理现场。

（二）列车脱轨时的处理

脱轨是指车轮落下轨面（包括脱轨后又自行复轨），或车轮轮缘顶部高于轨面（因作业需要的除外）。每辆只要脱轨 1 轮，即按 1 辆计算。根据地点不同，列车脱轨分为在车站脱轨和在区间脱轨。

1. 乘客疏散

发生脱轨事故后，列车司机应立即广播通知乘客，安抚乘客情绪，提醒乘客准备清客。并检查乘客伤亡情况及有无残疾人士，向控制中心调度员报告列车的准确位置、大约载客量、乘客伤亡人数及是否需要救助。

2. 列车救援

（1）事故报告及救援前的准备工作。

列车司机检查确认脱轨后，向控制中心调度员请求救援，报告列车的准确地点、脱轨位置及辆数、线路设备损坏程度等情况，并做好防护措施。

（2）事故救援。

对事故现场进行全面勘察，根据脱轨程度、脱轨地点、破损情况及其他实际条件制定具体的起复方案。

七、城市轨道交通车站突发事件应急处理办法

（一）车站突发事件的报告原则及报告程序

1. 车站突发事件的报告原则

（1）迅速、准确、完整的原则。

（2）逐级上报的原则。

2. 车站突发事件的报告程序

车站突发事件的报告程序如图 3-39 所示。

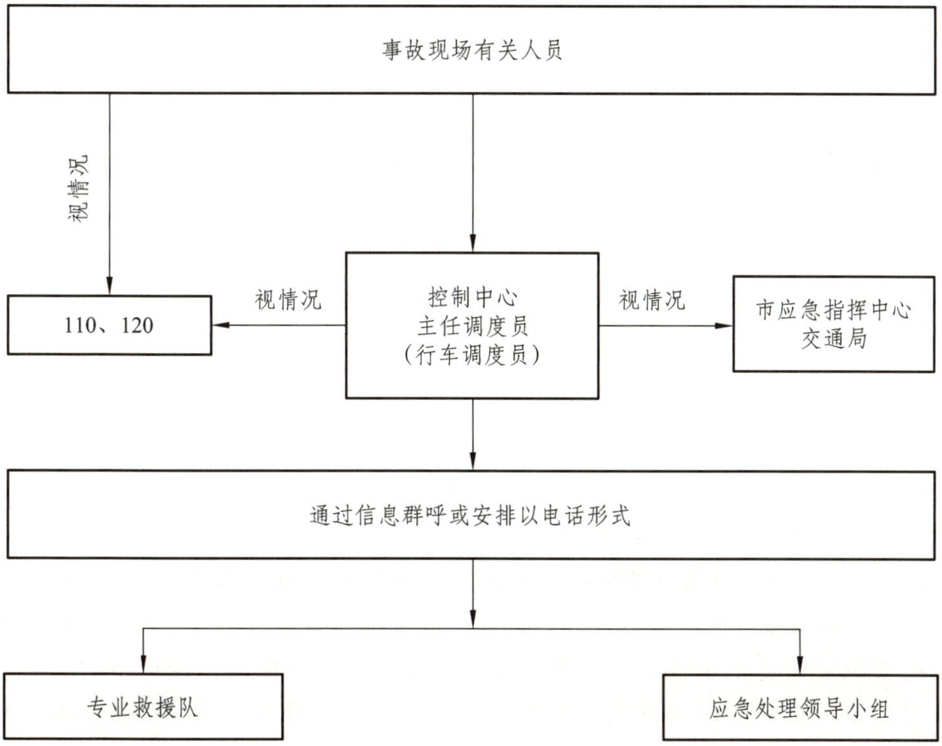

图 3-39　车站突发事件的报告程序

（二）车站失火应急处理原则和办法

1. 车站失火应急处理原则

车站失火应急处理的首要原则是保障乘客及工作人员的生命安全。

2. 车站（运营期间）失火应急处理办法

（1）火警警报响起时，值班站长通过 FAS、BAS 系统确认报警位置，派 1 名车站员工前往该范围查看。

（2）车站员工携带无线电对讲机前往事发地点，找出报警原因；实时通知值班站长是否发生火警，火警是否已触动了防火系统。

（3）如警报为误报，值班站长要及时通知行车调度员及站内所有员工。

（4）若发生火警，现场员工视情况需要手动操作防火系统；或在安全的情况下，使用灭火器灭火；与现场保持安全距离，并警告其他人远离该处，直至消防人员到场。

（5）值班站长确定火警警报属实后，若火势较大，应立即通知行车调度员召唤消防人员到场，并遵照车站疏散程序组织乘客撤离。

（6）启动车站排烟模式。

（7）乘客疏散完毕后，关闭车站出入口（紧急出入口除外）。

（8）如火势很大，值班站长应组织员工撤离车站到紧急集合地点集中，并安排人员在指定出入口引领消防人员到现场灭火。

（9）消防人员到场后，值班站长汇报有关情况，将灭火工作交给消防人员，并加入到应急处理救援工作中去。

（10）协助事故调查工作。

（11）值班站长接到可以恢复运营的指令后，清理现场，恢复运营。

3. 站外失火应急处理办法

（1）一旦发现烟气经由通风井进入站内，必须执行相关程序，阻截烟气继续进入。

值班站长应：由行调处取得该车站环控设备的控制权；将车站公共范围的通风设备关掉；通知行车调度员将有关通风设备关掉，关闭相应的风闸。

行车调度员应：指示环控调度员操作有关环境控制系统设备。

（2）一旦发现有烟经由车站入口扩散到公共范围，值班站长应：通知行车调度员，说明烟的浓度；关闭有关的入口；取得该车站环控设备的控制权，操作环控设备。行车调度员应指示各邻站的值班站长取得所管辖车站的环控设备的控制权；将车站公众范围的通风设备关掉；操作环境控制系统设备，帮助驱散受影响车站的浓烟。

各邻站值班站长职责，应取得所管辖车站环控设备的控制权。

（三）列车失火应急处理办法

1. 列车在站台失火应急处理办法

列车在车站发生火灾时，驾驶员应迅速打开站台侧所有车门，使用车内灭火器进行扑救，对乘客进行广播疏散，配合车站工作人员的引导将乘客疏散到安全区域。

2. 列车在区间失火应急处理办法

列车在区间发生火灾时，地下线路运行的列车应尽一切可能运行到前方车站，及时向行调报告，请求前方车站协助；若无法运行到前方车站，驾驶员应立即向行调报告并进行初期灭火扑救，同时将起火车厢的乘客疏散到其他车厢，确认灭火器不能抑制火灾时，请求行调接触轨停电，就地疏散乘客。

（四）乘客受伤的处理办法

（1）车站现场工作人员发现或接到受伤乘客求救时，应立即报告当值值班站长并赶赴现场，了解伤（病）者情况及初步原因。

（2）如因地铁设备造成事故，应立即停止该设备运作（影响列车运行的设备除外），并报告车站控制室。

（3）疏散围观群众，寻找目击证人，收集、记录有关证人资料。

（4）需要时，对乘客外伤进行简单的包扎处理。

（5）如调查需要，应保护好现场，必要时对有关区域进行隔离，并用相机记录现场有关情况。

（6）必要时，根据值班站长安排，站务人员到紧急出入口引导急救中心人员进站。

（7）必要时协助警方进行事故调查。

（五）列车撞人、撞物事故处理办法

车站发生撞人、撞物等事故后，各站务岗位人员应急处理程序如下：

（1）车站发生撞人/物、意外伤亡事件后，行车值班员应立即向行调、公安派出所报告，通知值班站长、站区长等上级领导。

（2）值班站长应立即到达现场并在上级领导及公安人员未到达之前担任现场负责人，组织指挥现场处理工作：

① 指定专人负责挽留两名以上非地铁员工的目击者作为人证，索取证明材料，证人有急事不能留下时，应记下其工作单位、家庭住址及联系电话等。

② 利用车站广播设施做好乘客宣传解释工作，劝导乘客改乘其它交通工具。

③ 售检票人员维护好站厅秩序，依据现场情况采取限制售票或停止售票方式控制乘客进站。

④ 需下站台查看及处理时，必须在接触轨停电后由现场负责人指定专人进行。

⑤ 现场查看时，在未发现之前或当事人未死亡的情况下，严禁送电、动车，找到被轧者后应查看其伤亡情况，无法断定是否死亡的一律按伤者处理，应设法将其尽快移至站台。

⑥ 如被轧者未亡，尽一切努力避免动车救人，但在只有动车方可救人的情况下，由现场公安人员做出动车决定。

⑦ 需对伤者进行救护时，应及时通知市急救中心，指派专人到指定出入口迎候救护车辆。

⑧ 如当事人已经死亡，其位置不妨碍列车运行，可先行送电通车；如其位置妨碍列车运行，可将尸体移上站台或移至边墙、道沟等不侵界位置，再行送电、通车，必要时再次停电处置，做好标记。

⑨ 除现场处理以外的其他车站工作人员应做好遣散围观乘客，维护站台站厅秩序工作。

（六）车站遭遇自然灾害应急处理办法

1. 水灾应急处理办法

当给水管道破裂、地下车站和隧道进水等危及运营的情况发生时，车站有关人员应按下列程序进行处置：

（1）任何员工一旦发现水灾发生，应立即报告值班站长以下情况：水灾发生的位置、流量、水源来自哪里、哪些设备可能会受到影响。

（2）值班站长向行调报告：本站发生水淹事故，本站受到影响的区域、是否影响乘降及受影响设备的情况。

（3）值班站长携带防洪装备赶往事发位置，命令站务人员和保洁人员前往水灾区域。

（4）值班站长到达现场后评估情况，向行调汇报最新进展，视情况需要请求机电等部门人力支援。

（5）站务人员尝试用防洪板、沙包或其他填充物阻断水源，或抑制流量，在周边用提示牌和警戒线布置禁行区。

2. 地震应急处理办法

（1）地震发生后，值班站长立即向行调汇报是否影响行车；是否有人员、设备、线路、车辆受损；是否需要召唤紧急服务（公安、急救、消防）。

（2）一旦确定发生四级以上强度的地震，值班站长必须安排车站员工：

① 亮起所有隧道灯；

② 检查所有系统是否运作正常，特别是供电、通信、信号及环境控制系统运作状况；

③ 在确保自身安全的前提下，巡视车站建筑、设施，巡视出入口及站外情况，发现有任何异常情况，立即通知值班站长。

（3）值班站长接到车站巡视结果后，立即向行调、故障报警中心报告设备、结构损毁的情况。

（4）如果站台有列车停车，按照行调指示立即对列车进行清客作业。

（5）停止所有作业，察看是否有工作人员或乘客受伤。若发现有任何人员受伤，则立即展开救助工作。

（6）如发现建筑物损毁或阻塞，应立即疏散、封锁危险区域，安排人员驻守，制止他人接近。

（7）如地震强度较大，建筑物、设备设施损毁严重，则应立即执行车站紧急疏散程序。

3．恶劣天气应急处理办法

（1）大风、沙尘天气的危害及应急处理办法。

当风力超过 7 级时可对车站运营造成影响，接到控制中心（OCC）发布的有关恶劣天气的信息后，车站须检查悬挂物，以免脱落物砸伤乘客及员工；指派专人对站台上的可移动物品进行加固；督促保洁人员清理车站卫生；露天段车站做好停运、客流疏散准备；如有其他异常立即上报控制中心（OCC）。

（2）雪天的危害及应急处理办法。

班站长应通知所有工作人员，通报恶劣天气的相关情况，做好雪天应急处置工作。

（1）站务人员在出入口、楼梯口铺设防滑垫和提示牌，同时组织人力及时清扫出入口积雪。

（2）值班站长通知保洁人员注意出入口、楼梯口等区域的卫生状况。

（3）站务人员在客流量较大的出入口疏导乘客进出站。

（4）行车值班员通过 PA、PIS 系统向进站乘客宣传安全、防滑的事项。

（5）行车值班员通过 CCTV 系统密切关注进出站的客流变化，并随时向值班站长汇报。

（6）值班站长要随时掌握运营现场和天气情况，并随时做好延长运营时间的准备工作。

（7）地面线路有道岔的车站，应做好道岔的清扫及融雪工作。

（七）车站站台事故应急处理办法

1．站台紧急停车按钮被触发应急处理办法

当站台发生紧急情况，需列车紧急停车时，车站工作人员应按以下程序处理：

（1）站台岗员工或乘客按下站台上的紧急停车按钮。

（2）对应的紧急停车按钮指示灯点亮，车站控制室和站台监察亭 IBP 盘上对应站台的指示灯点亮，车站 ATS 工作站和控制中心（OCC）调度员工作站对应区域显示紧急停车，显示报警信号。

（3）车站值班员扳动车站控制室 IBP 盘上的紧急停车开关至“急停”位置。

（4）站台岗员工赶往事发地点，采取适当的措施处理该事件，并保持站台、车站控制室、OCC 联系畅通，必要时请求协助。

（5）在确定处理完情况后，站台岗员工用钥匙复位被激活的紧急停车按钮，并通

知车站值班员，处理完毕后给驾驶员显示“一切妥当”手信号。

（6）车站值班员扳动车站控制室 IBP 上对应的紧急停车开关至“复位”位置。

（7）车站值班员复位 ATS 工作站上的事件，使 ATC 系统复位，并记录该次事件的时间、紧急停车按钮启动的原因及事件处理经过。

2. 列车内乘客报警按钮被触发紧急处理办法

若列车停止站台还未启动时，乘客触发了车内报警按钮，站台岗值班人员应按以下程序处理：

（1）接到车内乘客报警按钮被触发的信息，立即赶往事发现场并核实：报警启动的原因、启动报警按钮的车次或车门，请示值班站长是否需要列车退行。

（2）使用车内乘客报警按钮扬声器与驾驶员沟通，寻找启动报警按钮的原因，进行乘客救援工作。

（3）确定情况稳定后，车站员工必须将车内报警按钮复位，离开列车，向驾驶员显示“一切妥当”手信号。

（4）行车调度员通知列车驾驶员，车站已将车内报警按钮复位。

（5）站台岗员工在日志中详细记录该次事件发生的时间、原因、被启动的报警按钮的编号及事件处理经过。

3. 乘客物品掉落轨道的处理办法

（1）坠落的物品不影响行车：

① 站台岗员工接到报告后，立即赶往现场查看情况，向行车值班员报告：该物品不影响行车。若该车站未安装屏蔽门，站台岗员工应在第一时间明确告诉乘客“请勿擅自跳下轨道，工作人员会尽快妥善处理”。

② 站务人员应立即安抚乘客，告知乘客将在当日运营结束后下轨道拾回物品，请乘客留下联系方式，第二日到车站领回物品。

（2）坠落的物品影响行车（如高出轨面）：

① 站台岗员工接到报告后。立即赶往现场查看情况，若该物品影响行车，则立即按压站台侧紧急停车按钮。

② 站台岗员工向行车值班员、值班站长报告该物品影响行车，需立刻处理。

③ 行车值班员上报行调，经批准后，按动车站控制室内紧急停车按钮，做好防护，通知站务人员可以进行拾物处理。

④ 站务人员立即携带夹物钳、隔离带到现场，隔离该处屏蔽门。夹不起的物品，安排人员从站台两端的楼梯或使用下轨梯进入轨道拾回物品。

⑤ 站务人员将物品取回后，确认线路出清，恢复屏蔽门的使用，向行车值班员汇报。

⑥ 行车值班员及时取消紧停，并向行调汇报。

⑦ 做好相关记录，将物品归还乘客。

八、城市轨道交通应急系统

城市轨道交通突发事件应急系统是一项具有反馈功能的庞大系统，根据国内外城市应急管理的经验，可以将城市轨道交通应急系统划分为五个子系统，即监测预警子系统、社会控制子系统、公众反应子系统、紧急救援子系统和资源保障子系统。

（一）监测预警子系统

1．监测

监测就是通过一定的科学方法，对可能诱发突发事件的各种因素和灾害本身的变化进程进行适时观察、测定，及时了解其活动、变化规律和趋势的灾害管理活动。

2．辨识

通过对监测信息的分析，可以识别可能发生的事故的类型、范围以及主要诱因。

3．危险性分析

对已被识别的现实致错诱因，进行综合分析，以明确哪个致错因素是主要的危险源。

4．预警

利用相关信息网络向公众及时发布灾情的相关信息。

（二）社会控制子系统

社会控制系统应当是一个综合的应急协调系统，当城市轨道交通突发事件发生时它既能产生“灭火器”的作用，也能起到“动员令”的作用。社会控制系统主要通过以下四个方面来实现其目标：

1．法规标准

法律是实现社会公共利益的重要手段。当灾害发生时，有效的法律、法规体系对稳定社会秩序和抵抗灾害发挥着重要作用。

2．机构职责

应急机构是整个应急管理的支撑，包括协调应急组织各个机构运作和关系的指挥协调机构，负责现场应急的指挥工作、人员协调、资源有效利用的指挥机构，提高应急物资和人员支持的后方保障机构，负责信息报道和信息发布的媒体机构，负责信息管理和信息服务的应急管理机构等。

3．应急预案

应急救援预案是应急救援准备工作的核心内容。

4. 宣传教育

宣传教育在政府应急管理中发挥着不可替代的作用。

宣传教育的作用，就在于按照新闻传播的自身规律对应急管理过程进行干预和影响，促使危机向好的方向转化。

5. 培训演练

培训演练的基本内容主要包括基础培训和训练、专业训练、战术训练及其他训练等。

（三）公众反应子系统

公众反应子系统包括三个方面：

1. 应急意识

为了减少灾害造成的损失，充分发挥公众在应急管理中的积极作用，应该加强对公众应急意识的培养与教育，把其纳入国情教育的重要内容中去。

2. 行为能力

作为突发事件受体的公众所具有的抗御突发事件的能力，一般表现在三个方面：公众对城市轨道交通突发事件的认识、适应能力，公众在城市轨道交通突发事件条件下的应变能力，公众在突发事件发生时的创造能力。

3. 心理康复

城市轨道交通突发事件对居民心理伤害的内容、特点和灾后的心理复建，以及公众在城市轨道交通突发事件救援中的作用及组织问题等在公众反应系统中都具有重要的作用。

（四）紧急救援子系统

紧急救援是指城市轨道交通突发事件发生时，对人民生命财产的急救，对次生灾情的抢险，是一项极为复杂的、社会性的、半军事化的紧急行为。该子系统由下述要素构成：

（1）通告报警。

（2）指挥与控制。

（3）通信。

（4）监测评估。

（5）治安交通。

（6）疏散避难。

（7）抢险抢救。

（8）应急人员安全。
（9）泄漏物控制。
（10）恢复重建。

（五）资源保障子系统

实践证明，应急资源是实施紧急救助、安置灾民的基础和保障，是提高应急综合水平的关键，尤其对提高城市轨道交通应急救援能力具有十分重要的意义。应急资源主要包括应急人员、应急物资、应急设备与设施和灾害保险等内容。

1. 应急人员

应急人员主要包括专职应急人员、兼职应急人员和应急专家。

2. 应急物资

应急物资一般分为两类：一类是简单的救生类，包括探生仪器、破拆工具、顶升设备、小型起重设备等；另一类为生活类，包括衣被、方便食品、净水器械、净水剂等。

3. 应急设备

应急装备可分两大类：一是应急救援工作所需的通信装备、交通工具、照明装备和防护装备等基本装备；二是各专业救援队伍所用的专用工具或物品，包括：侦检装备、医疗急救器械和急救药品等专用救援装备。

4. 灾害保险

灾害保险是应急资源的最后一道屏障，各级政府和城市轨道交通运营公司应该在自觉担当起防灾减灾投入主体责任的同时，发展灾害保险事业，扩大应急能力。

（六）城市轨道交通应急系统协同关系

城市轨道交通应急系统具有的基本特征主要包括以下几点：
（1）综合性和关联性；
（2）空间性和层次性；
（3）动态性和突变性。

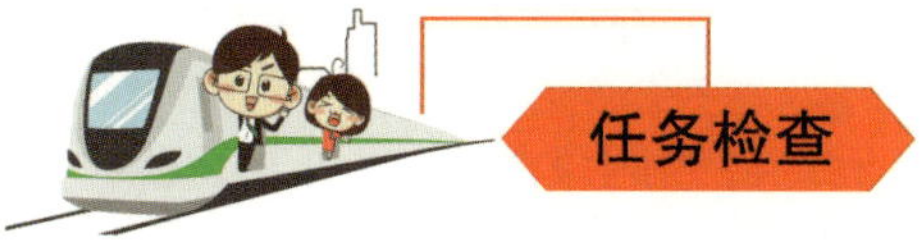

任务检查单见表 3-4。

表 3-4 应急认知与操作及突发事故的应急处理——任务检查单

任务编号	3-4	任务名称	应急认知与操作及突发事故的应急处理
序号	检查内容	是	否
安全事故及突发事件应急处理			
1	生产安全事故及突发事件的定义和分类		
2	应急预案的定义、分级、分类		
3	应急处理的原则和相关部门		
突发事件应急组织			
4	应急处理的指挥机构和工作组织		
5	应急处理的信息报告		
车站应急处理信息汇报和传递			
6	信息汇报的途径、流程和具体要求		
城市轨道交通应急设备			
7	列车应急设备和车站应急设备		
城市轨道交通车站突发事件应急处理办法			
8	车站突发事件的报告原则和报告程序		
9	车站、列车失火应急处理办法		
城市轨道交通应急系统			
10	城市轨道交通应急系统的 5 个子系统		

任务训练

（1）城市轨道交通有哪些应急设备？举例说明。
（2）行车安全受哪些因素的影响？
（3）城市轨道交通有哪些应急系统？

任务拓展

接触网（轨）有异物的处理

（一）接触网（轨）有异物的处理原则

发现接触网（轨）有异物后，原则上以车站处理为主，专业人员处理优先，即由车站组织进行现场处理，如供电专业或机电专业人员到达现场的，在事故处理主任的指挥下，由供电专业或机电专业人员具体负责处理。为此，发现接触网（轨）有异物时，应立即报告供电调度，通知事故处理主任、供电专业人员。

（二）接触网（轨）有异物的处理程序

1. 根据异物是否影响列车运行的情况分别处理

（1）若列车在站台停车，且异物不影响列车运行时，待本列车出清站台后再处理。

（2）若列车在站台停车，异物在前方进路上：或列车顶上影响列车运行时，通知司机停车待令，处理异物后再发车。

（3）若异物在列车顶上无法处理时，通知司机限速后再处理;若列车尚末进站时，立即按压紧急停车按钮，阻止列车进入站台。

2. 根据异物是否缠绕接触网的情况分别处理

事故处理主任到达现场后，根据异物是否缠绕接触网的情况，分需要停电及不需要停电的两种情况进行处理：

（1）若发现异物与接触网（轨）没有缠绕在一起时，按不需要停电的程序处理：

① 报告行车调度，申请不停电处理。

② 确认已按压紧急停车按钮，阻止后续列车进人站台。

③ 穿戴防护用品（绝缘靴、绝缘手套、荧光衣等）后，使用绝缘工具清除异物。有供电或机电专业人员在现场时，应在事故处理主任的指挥下，由供电或机电专业人员将异物清除。

④ 确认线路出清、恢复紧急停车按钮后，报告行调，恢复列车运行。

（2）若发现异物与接触网（轨）缠绕在一起时，按需要停电的程序处理：

① 报告行车调度，申请接触网（轨）停电（不挂地线）。

② 停电后，穿戴防护用品（绝缘靴、绝缘手套、荧光衣等）后，使用绝缘工具清除异物。有供电或机电专业人员在现场时，在事故处理主任的指挥下，由供电或机电专业人员清除异物。

③ 确认线路出清、恢复紧急停车按钮后，报告行调，恢复列车运行。

任务五　地铁防恐

任务描述

我国地铁建设事业起步较晚。改革开放以来，随着国民经济的不断发展，我国的城市化进程也在逐步加快。城市规模不断扩大，城市人口急剧增加，居民出行和物资交流高度频繁，城市交通面临着严峻的局势。伴随着我国城市现代化、工业化进程，地铁这种动力大、不占用地面空间的交通运输设施，正在大中城市建设中悄然兴起，并成为解决城市交通问题的最佳选择。早在 20 世纪 80 年代中期，国家就推出在百万人口以上的大城市中逐步发展地铁交通的政策。随后在 80 年代末，国家制定的产业政策再次明确其在基础建设中的重要地位。地铁交通以其速度快、运能大、污染少的优点，越来越受到人们的青睐。新世纪开始，国家首次把发展地铁交通列入国民经济”十五”计划发展纲要，并作为拉动国民经济持续发展的重大战略。随着经济的发展，改革开放的深入，在中华大地上，许多大城市加快了地铁建设的步伐。为了缓解城市交通的阻塞，京、沪、津、穗 4 个特大城市不仅在续建地铁，而且要重新规划城市轨道交通的蓝图，以利于城市新世纪的发展和外延。

为了在发生恐怖和爆炸事故等突发事件的紧急情况下迅速反应，保障车辆上所有人员的生命财产安全，必须提高员工处置反恐防爆应急响应能力和疏散顾客、紧急避险的能力；必须做好防范措施和事发后的处理工作，降低事故造成人员伤亡和财产损失、以及对环境的危害。

任务目标

- 了解地铁成为恐怖袭击新目标的原因。
- 熟悉地铁防范恐怖活动的措施。
- 熟悉炸弹、不明气体、物体恐吓/袭击事件的应急处理办法。

任务学习

一、地铁成为恐怖袭击新目标的原因

（1）地铁人流量大，遭遇袭击后伤亡人员多、造成的影响大。
（2）地铁保卫力量相对薄弱，恐怖分子易于实施恐怖活动。
（3）地铁遭到恐怖袭击后救援困难。
（4）地铁实施恐怖活动可采用的方式多。

二、地铁防范恐怖活动的措施

（1）加强国内反恐立法。
（2）加强地铁警卫力量和呼吁乘客合作。
（3）通过人海战术查找可疑分子。
（4）制订主要地点紧急避难计划。
（5）基本上让地铁工作人员自我防范。

三、炸弹、不明气体、物体恐吓/袭击事件应急处理办法

1. 炸弹、不明气体、物体恐吓事件应急处理办法

当地铁工作人员接到电话、书面或电子邮件等各种形式的恐吓信息时，应按下列应急预案开展工作：

（1）接获恐吓信息后，地铁员工应立即向其上级领导报告。控制中心（OCC）应立即向公安部门报告该恐吓事件，并通知受影响车站的值班站长、行车线上的列车驾驶员及各紧急救援抢险部门。

（2）由公安部门确定恐吓信息的真实性，在车站进行不公开或公开的搜索行动。

（3）车站接到恐吓信息后，不公开搜索程序。

① 值班站长安排停止所有清洁工作，依次搜索所有公众范围及所有非公众范围，及时将最新进展通知值班经理。

② 公安人员前往有关车站，参与搜索行动，与值班站长保持密切联系，了解搜索工作的最新进展。

③ 若发现可疑物品或有毒气体，值班站长应立即封锁现场，决定局部或完全疏散车站，并立即通知值班经理。进行疏散前，必须先搜索所有疏散路线，确保疏散乘客的安全。

④ 若未发现可疑物品或有毒气体，值班站长应报告公安人员负责人，请示是否进行二次搜索。公安人员负责人向所有搜索人员查询搜索情况，将搜索结果上报上级公安部门。

2．爆炸事件应急处理办法

地铁线路或列车发生爆炸事件时，有关单位、部门应按以下应急预案开展工作：

（1）车站发生爆炸后，就近岗位站务人员应迅速准确查明爆炸发生的时间、地点、涉及列车的车次、人员伤亡等情况，立即向行车值班员报告。

（2）行车值班员接到站务人员报告后，应立即向行调、公安派出所报告，通知值班站长、站区长等各级领导。

（3）值班站长应立即到达现场并在上级领导及公安人员未达到之前担任现场负责人，组织指挥现场处理工作。

3．不明气体袭击事件应急处理办法

（1）车站发生不明气体袭击后，就近岗位站务人员应迅速佩戴防护装备，迅速查明事件发生的时间、地点、涉及列车的车次、人员伤亡等情况，立即向行车值班员报告。

（2）行车值班员接到站务人员报告后，应立即向行调、公安派出所报告，通知值班站长、站区长等各级领导。

（3）行车值班员应立即采取措施，防止其他列车进入车站。

（4）行车值班员应立即通知机电人员启动防灾应急模式，关闭相关车站送排风系统。

（5）值班站长应立即到达现场并在上级领导及公安人员未达到之前担任现场负责人，组织指挥现场处理工作。

四、地铁突发事件应急处置案例

（一）东京地铁沙林毒气事件

1995 年 3 月 20 日 7 时 50 分，东京地铁内发生了一起震惊全世界的投毒事件。当天上午，正值上班高峰时间。一列地铁刚进入筑地车站，乘客便蜂拥而出，突然有人瘫倒在地，有人则踉踉跄跄，许多地铁工作人员和乘客坐在地上大声咳嗽，感到头晕、恶心和呼吸困难，许多人捂着眼睛，无法视物，现场秩序一片混乱（事后证实霞关、筑地等 16 个车站均同时遭到沙林毒气袭击）。当天政府所在地及国会周边地铁主干线被迫关闭，26 个地铁站受影响，东京交通陷入一片混乱。事后统计，该事件共造成 12 人死亡，约 5 500 人中毒，1 036 人住院治疗。

仔细分析、总结该事件中的应急处置，可以发现其应急处置绝非一朝一夕之功，而是经过了长久积淀才得以形成：灾害管理法制健全；日常危机管理意识较高；相关系统反应迅速。

（二）伦敦地铁爆炸事件

2005 年 7 月 7 日，正当英国伦敦举行盛大的八国峰会之际，伦敦人民沉浸在申奥成功的喜悦之中时，伦敦地铁 6 个车站在上班高峰几乎同时发生大爆炸，导致重大人员伤亡，地铁全线关闭。由 4 名自杀式袭击者针对伦敦地铁和公交车发生的重大恐怖袭击，造成 52 人死亡、700 多人受伤。

（三）俄罗斯莫斯科地铁爆炸事件

莫斯科时间 2004 年 2 月 5 日 8 点 32 分，距离俄罗斯地铁汽车厂站约 300 m 的地下铁道中，一个被安放在地铁第二节车厢的爆炸物突然爆炸，共造成 39 人死亡、134 人受伤。

爆炸发生后，地铁列车随即停车，司机通过车内广播系统反复向每节车厢乘客通知“该铁道铁轨已经断电，请大家不要惊慌，尽快离开车厢”，并同时打开列车双侧车门，其中第一节车厢的乘客是沿着轨道步行走到下一站，而其余乘客则返回汽车厂站。当第一批乘客走上地面的时候，警车和救护车已赶到地铁站。

莫斯科地铁是 20 世纪 30 年代中期投入使用，地铁局从 50 年代开始就组织员工进行各种紧急状况的训练，基本每月进行一次指挥训练，每季度至少组织一次近 8 000 名员工及车辆和设备参加的实地演习。

另外，在 2004 年俄罗斯政府也编制 1.11 亿卢布预算用于加强莫斯科地铁的安全措施。目前莫斯科地铁内的各个车站和走道中都安装摄影机，并将保留录影资料 3 天，同时，该计划也预定在未来将其设备改为数字图像，以便在调度室有着及时观察任何一个车站和走道的能力。

除此以外，地铁当局还建立了专门为地铁训练警力的机构，以提高突发事件的应急处置能力。

在上述事件中，司机和乘客听从指挥，应急处置有条不紊，将伤亡和损失降到最低程度，反映出俄公民较高的公共安全素养，同时，出事地铁线路在当晚即恢复运营。

另外，俄政府还注重及时发布权威信息，主导舆论。最近几年，俄飞机失事、地铁爆炸、市场爆炸等突发事件频繁发生，俄警方、紧急情况部等部门官员基本能在第一时间出面发布权威信息，制止了谣言和社会恐慌的扩散，在很大程度上掌握了工作的主动权。

任务检查

任务检查单见表 3-5。

表 3-5 地铁防恐——任务检查单

<table>
<tr><td>任务编号</td><td>3-5</td><td>任务名称</td><td colspan="3">地铁防恐</td></tr>
<tr><td>序号</td><td colspan="3">检查内容</td><td>是</td><td>否</td></tr>
<tr><td>1</td><td colspan="3">了解地铁成为恐怖袭击新目标的原因</td><td></td><td></td></tr>
<tr><td>2</td><td colspan="3">了解地铁防范恐怖活动的措施</td><td></td><td></td></tr>
<tr><td>3</td><td colspan="3">了解炸弹、不明气体、物体恐吓/袭击事件应急处理办法</td><td></td><td></td></tr>
<tr><td>4</td><td colspan="3">了解几个地铁突发事件应急处置案例</td><td></td><td></td></tr>
</table>

任务训练

（1）简述地铁防范恐怖活动的措施。

（2）简述炸弹、不明气体、物体恐吓/袭击事件的应急处理办法。

任务拓展

如何进行地铁车站反恐

现代城市发展日新月异，地面交通格局越来越拥堵，世界各地的城市交通规划者们都将目光转向了地下交通运输能力的开发规划，所以越来越多的国家和城市中地下交通得以迅速发展。地铁无疑是目前城市地下交通中发展最为迅速的交通工具，地铁站则是为城市轨道交通系统（简称城轨系统）提供供铁路列车停靠的地方，用以容纳疏散大量人流物流。

随着城市化进程的加快，城市人口的急速膨胀和现代化生活节奏加快，人们出行次数增多以及汽车的普及，相应地，城市交通压力大大增加，由于道路资源的低效率分配利用以及市区道路的结构性缺陷等原因，城市中道路的相对不足和机动车辆的飞速增加带来了交通阻塞、车速下降、事故频繁等一系列问题，使得城市交通问题日益突出。解决城市的交通速度问题，不能仅仅把希望寄托在无休止的增加道路上，而轨道交通正是解决长期交通堵塞的较好方案。

地铁，是一座城市融入国际大都市现代化交通的显著标志。它不仅是一个国家的国力和科技水平的实力展现，而且是解决大都市交通紧张状况最理想的交通方式。中国城市地铁建设正处于起步阶段，政府在解决人民群众基本需求，特别是交通需求方面的任务异常艰巨和繁重。公共交通需求急剧上升，修建地铁和轻轨已是各大城市基础建设的必要内容，是现代化大都市的标志，未来 5 ~ 10 年将是中国城市地铁大发展的黄金时期。

为了在发生恐怖和爆炸事故等突发事件的紧急情况下迅速反应，保障车辆上所有人员的生命财产安全，必须提高员工处置反恐防爆应急响应能力和疏散顾客、紧急避险的能力，做好防范措施和事发后的处理工作，降低事故造成人员伤亡和财产损失、以及对环境的危害。以下介绍某地铁公司制定的反恐预案。

一、总则

贯彻“安全第一，预防为主、综合治理”的方针，尽最大努力保护人员、设备、财产安全。成立《反恐防爆应急预案》领导小组和事故应急指挥部、应急小分队，负责应急状态下的指挥、组织、协调、救援、处理工作。

二、预案

（一）编制目的

为了有效防范暴力事件的发生，切实保障广大乘客的人身和财产的安全，及时处置侵害安全的恶性事件，维护公司的稳定，特制定本预案。

（二）应急预案的任务和目标

为更好地展开各项工作，更好地适应法律和经济活动的要求，结合本公司的自身特点，加上人性化、科学化的管理，特制定适合本项目的应急预案。

1. 本预案的目标

保证各种应急反应资源处于良好的备战状态、各种预案计划有条不紊地进行、防止因应急反应行动组织不力或现场救援工作的无序和混乱而延误事故的应急救援、更有效地避免或降低人员伤亡和财产损失、充分体现应急救援的精神真谛。

2. 救援组职责

（1）根据指挥中心的指令，迅速组织本组人员到达事发区域进行救援。

（2）在有人员伤亡的情况下，应立即安排组员营救，营救的同时必须确保自身安全，还要避免伤员的二次伤害。

（3）在遇有人员被挟持的情况下，组长要命令组员后退，稳定犯罪分子的情绪，待心理专家前来处理。

（4）如现场发生起火，还应根据指挥中心指令响应火灾处理预案的相关措施。

（5）根据现场情况，及时向指挥中心报告现场形势；必要时，请求指挥中心给予支援。

（6）事件结束后，组长需提交一份本组工作报告至总指挥。

3. 疏散组职责

（1）接到指挥中心指令后，迅速带领本组组员到达事发地点，引导乘客的疏散工作。

（2）疏散的同时，要劝告大家不要惊慌，要尽量稳定大家的情绪，确保疏散工作有条不紊的进行。

（3）疏散完毕后，全部组员撤离现场，并配合安全保卫组守护车辆周边的各个路口，阻止车辆、人员通过。

（4）事件结束后，组长向指挥部提交一份本组工作报告。

4. 安全保卫组

（1）接到指挥中心指令后，迅速到达事发现场，安排组员对车辆周边的每个道口进行封锁，禁止一切不相关车辆、人员入内。

（2）协助警方对外界的警戒工作，严格禁止闲杂人员进入警方规定的警戒区，同时配合救护组就伤员的救治工作。

（3）对现场周边进行巡逻检查，发现可疑情况，迅速向指挥部报告，同时防止破坏分子趁机进行破坏。

（4）如果发生了爆炸起火，保安人员迅速携带灭火器材到达现场，展开救火工作。

（5）引导警方、“120”救护到达事发现场。

（6）事件结束后，立即组织清理现场。

（7）事件结束后，向指挥中心提交一份本组工作报告。

5. 救护组

（1）接到指挥中心指令后，拨打“120”电话，并迅速到达事发地点，展开伤亡人员的救护工作。

（2）在“120”还未及时赶到时，救护不要给伤员带来二次伤害，要准备必要的救护工具。把伤员安置到安全区域，等待“120”前来救治。

（3）要及时将现场伤亡情况上报到指挥中心，指挥中心根据实际情况，确定是否给予人员支援。

（4）协调做好后勤保障工作（吃、住、行），安置好伤亡人员家属。

（5）配合“120”做好其他救护工作；事件结束后，协助做好伤亡人员的善后处理工作。

（6）事件结束后，提交一份本组工作报告到指挥中心。

6. 事故综合调查组

（1）配合警方和有关部门，开展事故勘察、取证、分析等工作。

（2）做好人员思想工作，加强驾驶员的法制和安全教育、宣传工作。

三、工作程序

（1）一旦发生恐怖袭击或爆炸可疑物品时，最早发现的驾驶员应立即报告反恐防暴领导小组。领导小组成员视情况启动应急预案，并与犯罪嫌疑人周旋。

（2）立即通过拨打 110 电话报警。

（3）安全保卫组立即赶往现场组织乘客疏散到安全地带，并维持秩序，等待警方前来支援处理。

（4）指挥中心根据现场实际情况需要启用《防火应急预案》。

（5）做好思想宣传工作，稳定乘客思想情绪，保护自身安全。

四、预防措施

（1）加强对驾驶员、乘客法制和安全教育、宣传，增强驾驶员、乘客法制意识和自我保护意识。

（2）乘客上车，严格执行检查乘客的行李，禁止易燃易爆物品上车。

（3）对可能引起矛盾激化事件的当事人要耐心接待，尽力做好化解工作。

（4）公司成立防范商场暴力事件处理应急工作领导小组。

参考文献

[1] 吴晓. 城市轨道交通安全管理[M]. 北京：电子工业出版社，2017.

[2] 蒋玉琨. 城市轨道交通安全管理[M]. 北京：人民交通出版社，2011.

[3] 连义平. 城市轨道交通安全管理[M]. 成都：西南交通大学出版社，2011.

[4] 任萍. 城市轨道交通运营安全管理[M]. 北京：机械工业出版社，2015.

[5] 刘亚苹，王笑然. 城市轨道交通安全管理[M]. 北京：中国建材工业出版社，2017.

[6] 秦进，高桂凤. 城市轨道交通安全管理[M]. 北京：人民交通出版社，2012.

[7] 王芳梅. 城市轨道交通应急与安全管理[M]. 北京：清华大学出版社，2017.

[8] 耿幸福. 城市轨道交通运营安全[M]. 2 版. 北京：人民交通出版社，2012.

[9] 李文，黄远丰. 城市轨道交通法安全管理法规文件汇编[M]. 北京：人民交通出版社，2011.